真の子女の生活2

輝く祝福への道しるべ

文鮮明

◆小・中学生のための訓読教材◆

はじめに

顯進様《ヒョンジンさま》をはじめ、真《まこと》の子女様《しじょさま》は、自《みずか》ら二世《にせい》の教育《きょういく》に大《おお》きな関心《かんしん》をおもちになり、その充実《じゅうじつ》と発展《はってん》のために尽力《じんりょく》してくださっています。そのような中《なか》、二世《にせい》が訓読《くんどく》できるみ言《ことば》の書籍《しょせき》を求《もと》める声《こえ》が、日増《ひま》しに高《たか》まっています。

そこで、既刊《きかん》『真《まこと》の子女《しじょ》の生活《せいかつ》——天一国《てんいちこく》の道《みち》しるべ』の続編《ぞくへん》として、本書《ほんしょ》を出版《しゅっぱん》する運《はこ》びとなりました。

本書《ほんしょ》の内容《ないよう》は、「第《だい》一章《しょう》　祝福《しゅくふく》家庭《かてい》の子女《しじょ》たちの行《い》くべき道《みち》」「第《だい》二章《しょう》　二世《にせい》の祝福《しゅくふく》と夫婦《ふうふ》の道《みち》」の二章《しょう》で構成《こうせい》されており、小《しょう》・中学生《ちゅうがくせい》が読《よ》めるように、漢字《かんじ》には振《ふ》り仮名《がな》がついています。

二世《にせい》の皆《みな》さんが置《お》かれている環境《かんきょう》を考《かん》えるとき、日常生活《にちじょうせいかつ》の出来事《できごと》をまずみ言《ことば》で理解《りかい》し、解釈《かいしゃく》できるようにならなければなりません。そのためには、朝《あさ》の訓読《くんどく》は欠《か》かせないものです。真《まこと》のお父様《とうさま》と真《まこと》の子女様《しじょさま》も、朝《あさ》の時間《じかん》の使《つか》い方《かた》が人生《じんせい》を大《おお》きく左右《さゆう》するとも語《かた》っていらっしゃいます。朝《あさ》にみ言《ことば》を訓読《くんどく》して一日《にち》を出発《しゅっぱつ》すれば、心身共《しんしんとも》に健康《けんこう》で、気力《きりょく》が充満《じゅうまん》した一日《にち》を送《おく》ることができるでしょう。そのために本書《ほんしょ》が活用《かつよう》されるならば、喜《よろこ》ばしい限《かぎ》りです。

二世《にせい》の皆《みな》さんにとって、小《しょう》・中学生《ちゅうがくせい》の時期《じき》は、とても大切《たいせつ》な時期《じき》ですので、本書《ほんしょ》が未《み》来《らい》に対《たい》しての道《みち》しるべとなり、明《あか》るい未来《みらい》を切り開く手掛《てが》かりとなることを、心《こころ》から願《ねが》います。

二〇〇七年《ねん》六月《がつ》十九日《にち》

世界基督教統一神霊協会《せかいキリストきょうとういつしんれいきょうかい》

目《もく》次《じ》

CONTENTS

【第《だい》一章《しょう》】祝福《しゅくふく》家庭《かてい》の子女《しじょ》たちの行《い》くべき道《みち》

第《だい》一節《せつ》　祝福《しゅくふく》家庭《かてい》の父母《ふぼ》と子女《しじょ》たちの行《い》くべき道《みち》

1　祝福《しゅくふく》の意義《いぎ》と祝福家庭《しゅくふくかてい》の価値《かち》

祝福家庭《しゅくふくかてい》とは何《なん》ですか。祝福家庭《しゅくふくかてい》の位置《いち》は、皆《みな》さんの家庭《かてい》が蕩減復帰《とうげんふっき》するために、先生《せんせい》を中心《ちゅうしん》として血統的《けっとうてき》に間違《まちが》ったすべてのことを清算《せいさん》して、サタンの讒訴圏《ざんそけん》から逃《のが》れた位置《いち》なのです。この位置《いち》は、長成期完成級《ちょうせいきかんせいきゅう》です。蘇生《そせい》、長成《ちょうせい》、完成《かんせい》という、成長《せいちょう》の三段階《だんかい》の長成期完成級《ちょうせいきかんせいきゅう》で堕落《だらく》したので、まだ七年《ねん》が残《のこ》っています。最後《さいご》の七年間《ねんかん》を残《のこ》したまま堕落《だらく》したのです。ですから先生《せんせい》は、お母様《かあさま》を一九六〇年《ねん》に選《えら》びましたが、その時《とき》の先生《せんせい》は、どのような位置《いち》に立《た》っていたかといえば、長成期完成級《ちょうせいきかんせいきゅう》なのです。この位置《いち》に立《た》っていたので、サタンの試練《しれん》を受《う》けたのです。

一九六〇年《ねん》から七年《ねん》を経《へ》て、一九六八年《ねん》に「神《かみ》の日《ひ》」が制定《せいてい》されたのは何《なに》を意味《いみ》するのかといえば、原理主管圏内《げんりしゅかんけんない》において長成期完成級《ちょうせいきかんせいきゅう》まで行《い》けなかったのですが、神様《かみさま》の直接主管圏内《ちょくせつしゅかんけんない》に立《た》つことにより、家庭《かてい》を中心《ちゅうしん》として、サタン世界《せかい》の家庭《かてい》に対《たい》して闘《たたか》いを始《はじ》めたということです。氏族《しぞく》と民族《みんぞく》を中心《ちゅうしん》として、国家的蕩滅《こっかてきとうげん》をなし、世界的蕩滅《せかいてきとうげん》をなしてきたのです。

祝福《しゅくふく》というものは、父母様《ふぼさま》が現《あらわ》れる以前《いぜん》にはできないのです。祝福《しゅくふく》とは何《なに》かというと、天地《てんち》を共《とも》に受《う》け継《つ》ぐために、父母様《ふぼさま》の枝《えだ》を切《き》り取《と》り、皆《みな》さんの父母《ふぼ》たちに移《うつ》してあげたものなのです。ですから、父母《ふぼ》たちだけが救《すく》いを受《う》けるものではありません。皆《みな》さんの父母《ふぼ》は、何《なに》をしなければならないのかといえば、氏族《しぞく》をつくり、民族《みんぞく》をつくり、父母様《ふぼさま》が国家時代《こっかじだい》に入《はい》る時《とき》には、氏族圏《しぞくけん》を捧《ささ》げなければならないのです。

また、皆《みな》さんが大《おお》きくなり、父母様《ふぼさま》が世界圏内《せかいけんない》に入《はい》るようになった時《とき》には、皆《みな》さんの家庭《かてい》は、国家基準《こっかきじゅん》において収拾《しゅうしゅう》し、捧《ささ》げなければならない連帯責任《れんたいせきにん》を担《にな》っているのです。このことをよく知《し》らなければなりません。一段階下《だんかいした》の責任《せきにん》を成《な》し遂《と》げるべき使命《しめい》を、共《とも》に担《にな》うという立場《たちば》で祝福《しゅくふく》してあげたのです。

祝福《しゅくふく》をしてあげるということはどういうことかというと、サタン世界《せかい》の血統《けっとう》を、完全《かんぜん》に天《てん》の世界《せかい》の血統《けっとう》に切《き》り替《か》えることをいうのです。皆《みな》さんは水《みず》を飲《の》んでも、そのパイプ

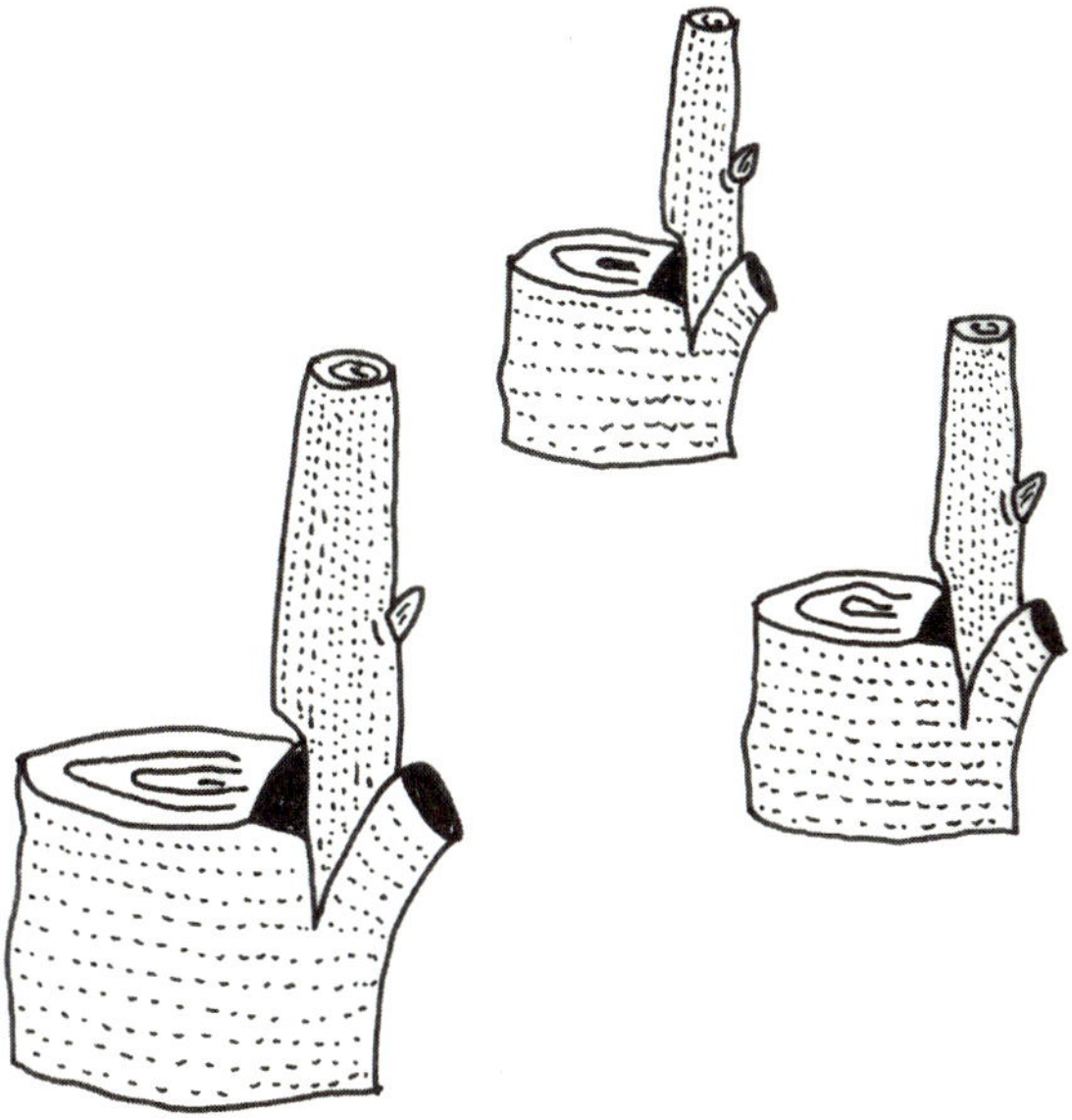

がどこに連結《れんけつ》されているのか分《わ》からないのですが、天《てん》の国《くに》の水《みず》を飲《の》んでいるのです。同様《どうよう》に、サタン世界《せかい》では同《おな》じように水《みず》を飲《の》んでも、サタンの水《みず》を飲《の》んでいるのです。全《まった》く違《ちが》うのです。見《み》たところは同《おな》じであっても、内容《ないよう》が全《まった》く違《ちが》っているのです。分《わ》かりますか。ですから、その内容《ないよう》が変《か》わるように、先生《せんせい》の枝《えだ》を分配《ぶんぱい》してもらった、その家庭的基盤《かていてききばん》の上《うえ》で出発《しゅっぱつ》したのです。その出発《しゅっぱつ》を祝福《しゅくふく》というのです。（一九八四・六・二〇）

皆《みな》さんは、祝福《しゅくふく》の根本《こんぽん》を確実《かくじつ》に知《し》らなければなりません。祝福《しゅくふく》された家庭《かてい》は、

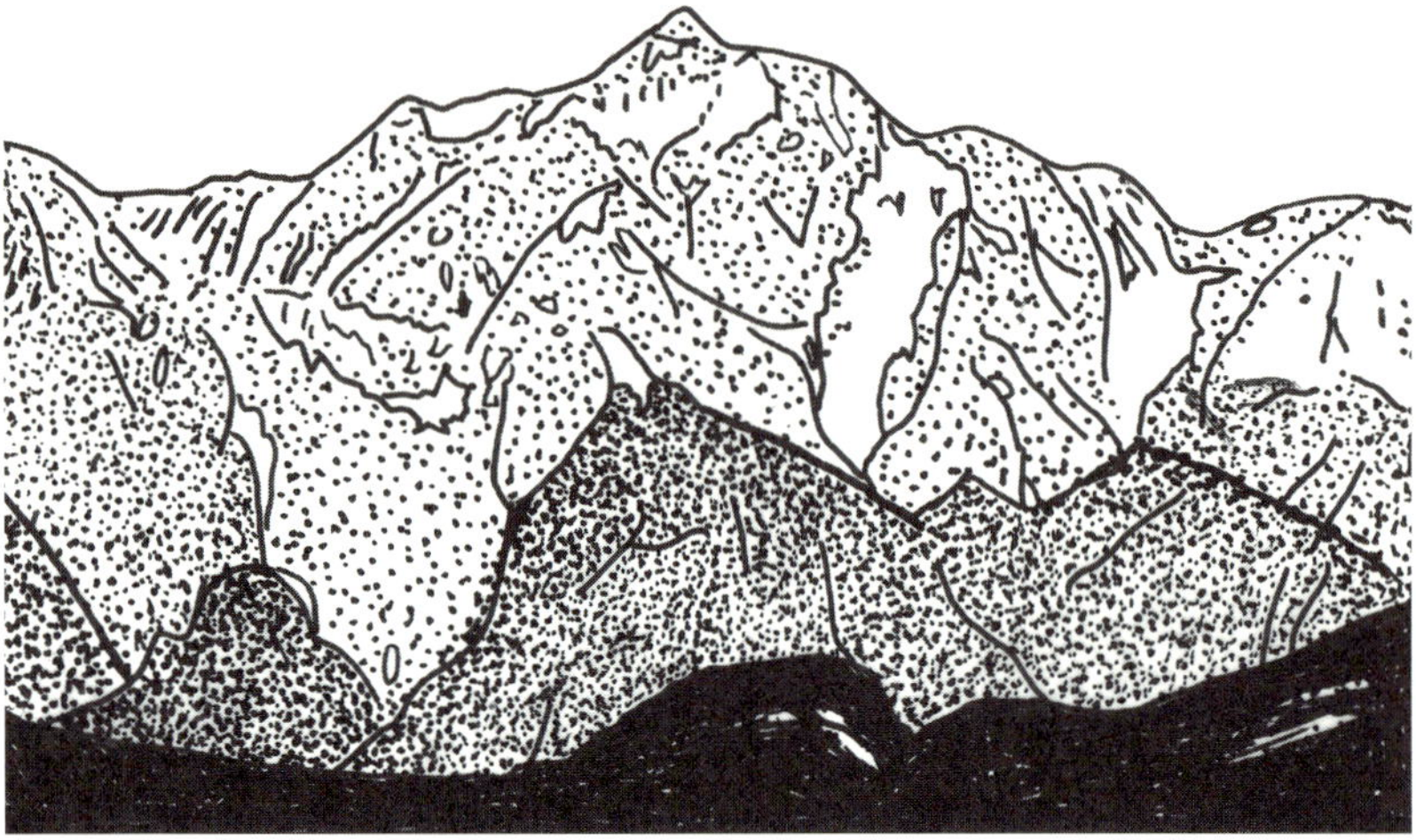

祝福家庭《しゅくふくかてい》とは何《なん》なのかを、はっきり知《し》っていなければなりません。愛《あい》の因縁《いんねん》を中心《ちゅうしん》として生《う》まれ、愛《あい》の理想《りそう》のために私《わたし》たちは結婚《けっこん》して、愛《あい》の理想《りそう》のために家庭《かてい》を成《な》さなければならないのです。

人類歴史《じんるいれきし》を考古学的《こうこがくてき》な見地《けんち》から見《み》ると、およそ八十五万年《まんねん》から百五十五万年《まんねん》と見《み》ます。そのような長《なが》い長《なが》い歴史過程《れきしかてい》であれば、誰《だれ》もこれを解《と》くことができず、解決《かいけつ》する方法《ほうほう》が分《わ》からないのです。人間《にんげん》は、山《やま》の頂上《ちょうじょう》から、数《すう》十万年《まんねん》かけて転《ころ》がり落《お》ちてきたようなものです。果《は》てしなく、限《かぎ》りなく下《お》りてきたのです。

それを御覧《ごらん》になられた神様《かみさま》は、本来《ほんらい》の愛《あい》を中心《ちゅうしん》とした本心《ほんしん》をもっておられるので、「かわいそうな者《もの》たちよ」とおっしゃりながら、死《し》んだ子供《こども》が忘《わす》れられないという心《こころ》を抱《いだ》き、「悲《かな》しみは私《わたし》が責任《せきにん》を負《お》う」と言《い》って耐《た》えてこられたのです。そのような神様《かみさま》の苦衷《くちゅう》（注《ちゅう》：苦《くる》しい心《こころ》のうち）が、いかに大《おお》きなものであったかということを知《し》らなければなりません。

その期間《きかん》に、どれほど多《おお》くの人々《ひとびと》が犠牲《ぎせい》になってきたか知《し》れないのです。岩《いわ》を見《み》て祈《いの》り、水《みず》を見《み》て祈《いの》り、木《き》を見《み》て祈《いの》り、太陽《たいよう》を見《み》て祈《いの》りながら、「神様《かみさま》がいるならば助《たす》けてください」とあえいできた惨《みじ》めな人間《にんげん》なのです。神様《かみさま》がいることが分《わ》からず、原理原則《げんりげんそく》に立脚《りっきゃく》した宇宙《うちゅう》の大道《たいどう》が分《わ》からず、彷徨《ほうこう》してきた人間《にんげん》は、どれほど犠牲《ぎせい》になってきたことでしょうか。その犠牲《ぎせい》の代価《だいか》、その基盤《きばん》の上《うえ》に積《つ》もって、積《つ》もって、積《つ》もって、人間《にんげん》の死亡《しぼう》の山《やま》が積《つ》もりに積《つ》もって、そして腐《くさ》っていくその中《なか》に、たった一《ひと》つの金《きん》の粒《つぶ》のように残《のこ》り、四十億人類《おくじんるい》の墓《はか》の圏内《けんない》で初《はじ》めて現《あらわ》れたものが、今日《こんにち》の統一教会《とういつきょうかい》であるということを、よく知《し》らなければなりません。

そのような、歴史上《れきしじょう》のすべての汚点《おてん》を肥《こ》やしとして、新《あたら》しい世界《せかい》の理想《りそう》のために勃発《ぼっぱつ》し得《う》る原動力《げんどうりょく》とならなければなりません。勃発《ぼっぱつ》するということは、爆発的《ばくはつてき》に出発《しゅっぱつ》するということです。このような力《ちから》をもって発展《はってん》し得《う》る、そのような内容《ないよう》を備《そな》えた統一教会《とういつきょうかい》が現《あらわ》れたということは、偉大《いだい》な事実《じじつ》であることを知《し》らなければなりません。今日《こんにち》までの歴史的《れきしてき》な事件《じけん》の中《なか》でも、この事件以上《じけんいじょう》に大《おお》きなものはないということを、はっきりと知《し》らなければなりません。(一九八四・六・二〇)

2　祝福家庭《しゅくふくかてい》とこの世《よ》の家庭《かてい》の違《ちが》う点《てん》

祝福家庭《しゅくふくかてい》と祝福《しゅくふく》を受《う》けていない家庭《かてい》とでは、何《なに》が違《ちが》っているのでしょうか。(祝福家《しゅくふくか》庭《てい》は神様《かみさま》を中心《ちゅうしん》とした家庭《かてい》です)。ただ神様《かみさま》を中心《ちゅうしん》とした家庭《かてい》というだけでは、漠然《ばくぜん》としていて分《わ》かりません。「神様《かみさま》の愛《あい》を中心《ちゅうしん》とした家庭《かてい》と、サタン世界《せかい》の愛《あい》を中心《ちゅうしん》とした家庭《かてい》、そこが違《ちが》います」と答《こた》えなければなりません。

サタン世界《せかい》の愛《あい》とは、どのようなものでしょうか。自分《じぶん》だけのために、自分《じぶん》の家庭《かてい》だけのために生《い》きるのであり、それ以外《いがい》にはないのです。すべて利用《りよう》して、分離《ぶんり》させる愛《あい》であり、分派《ぶんぱ》をつくる愛《あい》なのです。

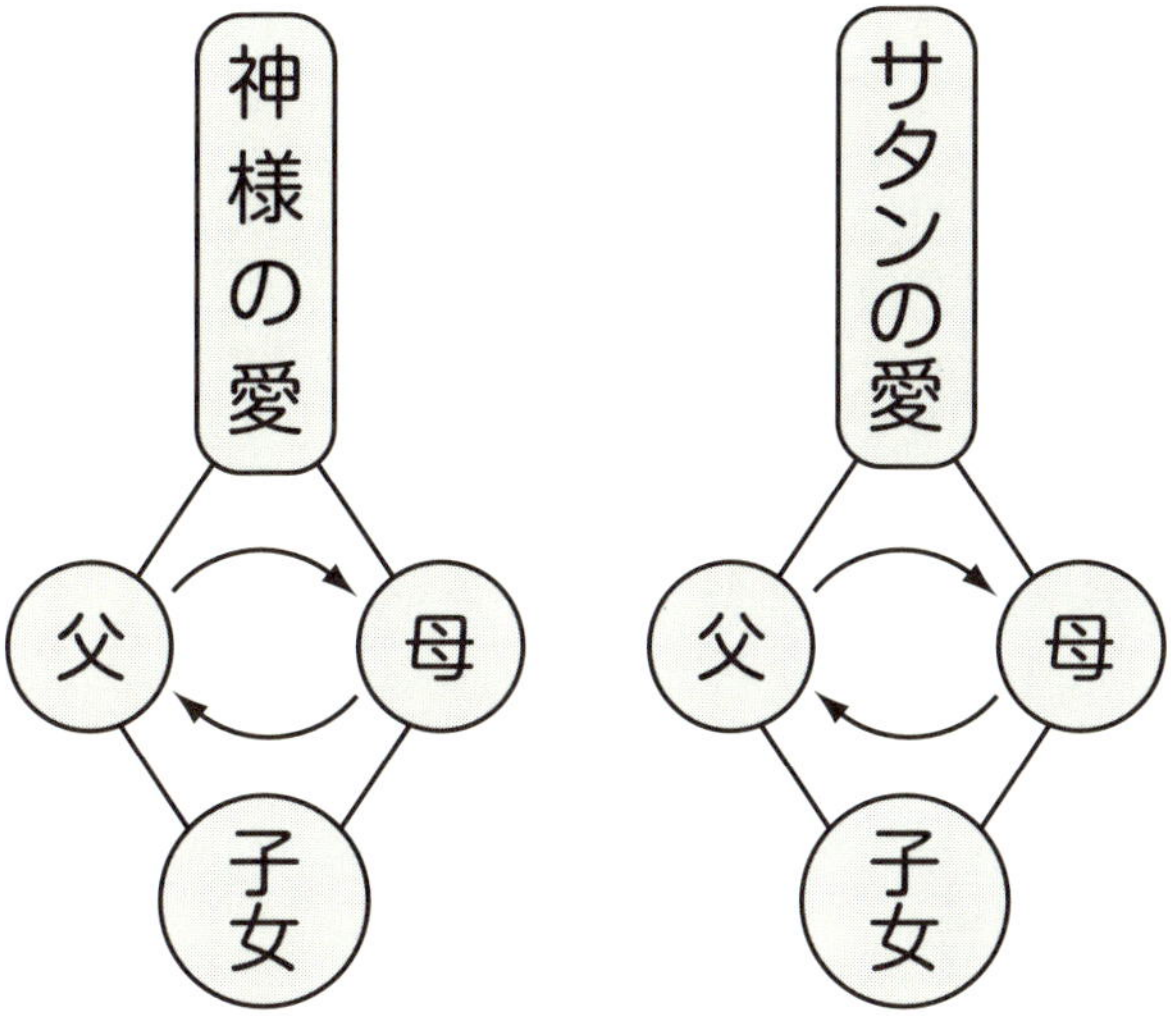

また、その次《つぎ》に祝福家庭《しゅくふくかてい》は、愛《あい》を中心《ちゅうしん》として、何《なに》が違《ちが》うのでしょうか。血統《けっとう》が違《ちが》うのです。皆《みな》さんは、誰《だれ》にぶら下《さ》がっているのですか。（真《まこと》の父母様《ふぼさま》です）。真《まこと》の父母様《ふぼさま》と愛《あい》も似《に》ているし、生《う》まれた血統《けっとう》も似《に》ているのです。目《め》も鼻《はな》も口《くち》もすべて同《おな》じなのに、何《なに》が違《ちが》いますか。出所《でどころ》が違《ちが》います。真《まこと》の父母《ふぼ》を通《とお》して出発《しゅっぱつ》したのです。真《まこと》の父母《ふぼ》も、神様《かみさま》を中心《ちゅうしん》として出発《しゅっぱつ》しました。神様《かみさま》の愛《あい》を中心《ちゅうしん》とした一体《いったい》基準《きじゅん》において、出発《しゅっぱつ》したのです。この二《ふた》つが全《まった》く違《ちが》うのです。（一九八四・四・一二）

3　祝福家庭《しゅくふくかてい》の二世《にせい》たちの行《い》くべき道《みち》

今《いま》から、理想《りそう》をもたなければなりません。皆《みな》さんが学校《がっこう》に通《かよ》うようになった時《とき》、まず隣《となり》にいるすべての人々《ひとびと》を愛《あい》し、彼《かれ》らと親《した》しくならなければなりません。「私《わたし》たちの学校《がっこう》には、統一教会《とういつきょうかい》の祝福《しゅくふく》を受《う》けた子供《こども》たちがいるけれど、目《め》が小《ちい》さくて、気《き》さくで、友達《ともだち》に対《たい》することも一番《ばん》なので、学校《がっこう》では模範生《もはんせい》であり、もしこの学生《がくせい》たちがいなくなれば、私《わたし》たちの学校《がっこう》は、どんなに悲《かな》しく、寂《さび》しいことでしょうか。そして、どんなに心細《こころぼそ》く、ひっそりとしてしまうことでしょうか」と言《い》われるような環境《かんきょう》をつくらなければなりません。

百人《にん》の子女《しじょ》たちがいたならば、三百人《にん》を心配《しんぱい》することができなければなりません。三百人《にん》がいたならば、すべて合《あ》わせて、千二百人《にん》を消化《しょうか》できる基盤《きばん》をつくらなければならないのです。(一九八一・四・一二)

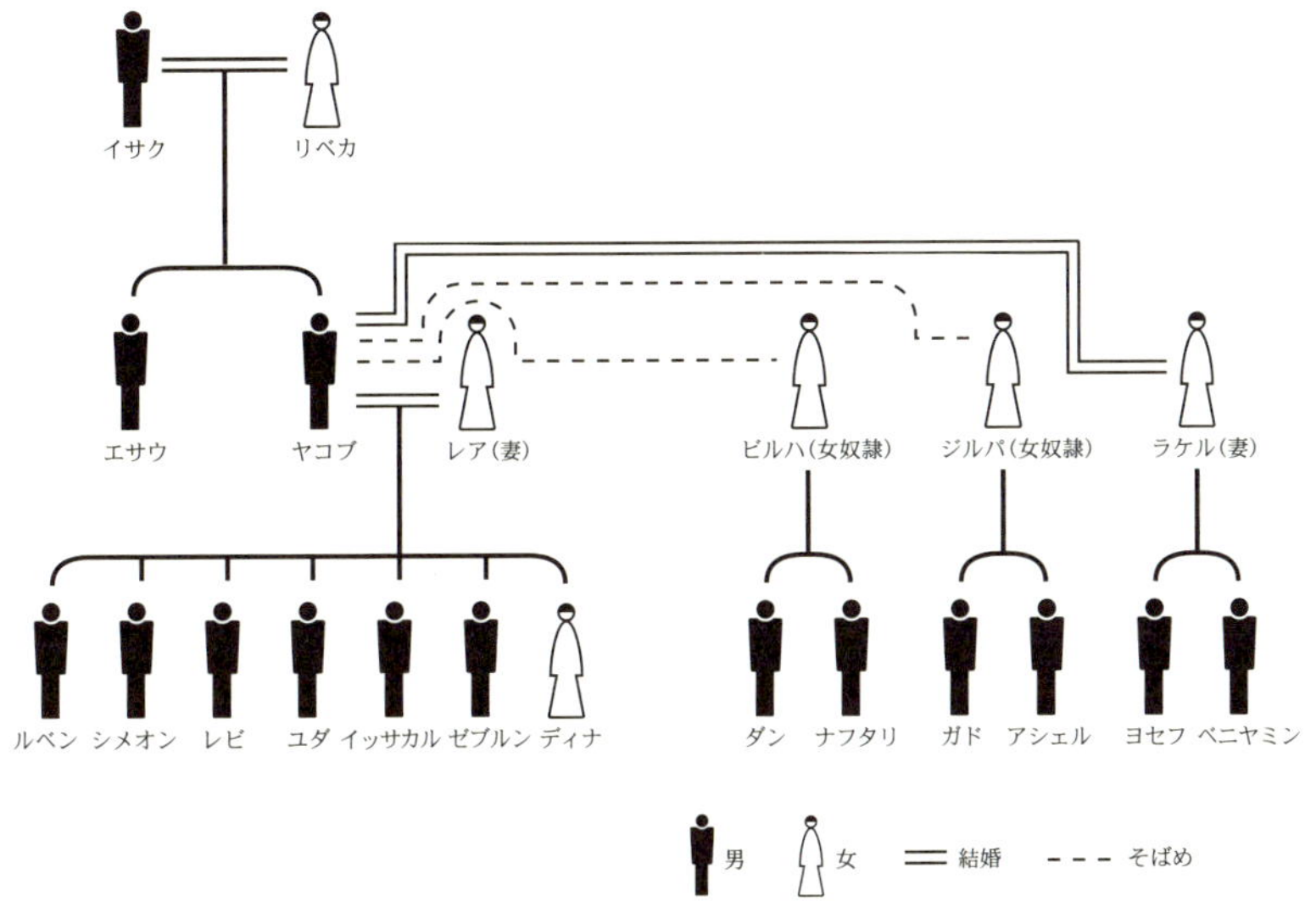

ヤコブの息子《むすこ》たちは、十二人《にん》の兄弟《きょうだい》なのですが、その中《なか》で一番祝福《ばんしゅくふく》を受《う》けたのがヨセフとベニヤミンです。その時《とき》、十人《にん》の息子《むすこ》たちが何《なに》をしたのかといえば、サタンの業《わざ》をしたのです。兄《にい》さんたちがヨセフを嫌《きら》ったのです。歴史的《れきしてき》に、カイン・アベルを中心《ちゅうしん》にした、このような三家庭形態《かていけいたい》が東西南北《とうざいなんぼく》に十二数《すう》となっているからです。

ですから、そのように十家庭以上《かていいじょう》から冷遇《れいぐう》される立場《たちば》でも、愛《あい》する心《こころ》をもって越《こ》えていかなければならないことを、代表的《だいひょうてき》に見《み》せてくれたのです。

ヨセフは、自分《じぶん》の兄弟《きょうだい》が自分《じぶん》を井戸《いど》に落《お》として殺《ころ》そうとしたり、売《う》り飛《と》ばしたのですが、

「兄《あに》たちが自分《じぶん》を死《し》ぬ位置《いち》に追《お》い込《こ》んだのではない」と考《かんが》え、自分《じぶん》のすべての権威《けんい》と、すべての欲望《よくぼう》を捨《す》てて愛《あい》したのです。そのようにヨセフが兄弟《きょうだい》を愛《あい》したという条件《じょうけん》で、イスラエル民族全体《みんぞくぜんたい》が生《い》き返《かえ》ることができたのです。それと同《おな》じような道《みち》を、皆《みな》さんも行《い》かなければなりません。(一九八一・四・一二)

祝福《しゅくふく》を受《う》けた家庭《かてい》の息子《むすこ》である皆《みな》さんを、神様《かみさま》が、先生《せんせい》が祝福《しゅくふく》してあげ、良《よ》い暮《く》らしができる環境《かんきょう》をつくったとしても、その環境《かんきょう》は、皆《みな》さんのためのものではないのです。世界《せかい》のためのものであることを知《し》らなければなりません。世界《せかい》のための祝福《しゅくふく》を皆《みな》さんが引《ひ》き継《つ》ぐためには、平面的《へいめんてき》に十二人以上《にんいじょう》の横的《おうてき》な兄弟《きょうだい》たちを愛《あい》して、そのあとで、彼《かれ》らが「すべての愛《あい》の主体《しゅたい》よ。私《わたし》たちのすべての模範的《もはんてき》な主体《しゅたい》よ。私《わたし》たちの家庭《かてい》を相続《そうぞく》できる人《ひと》は、私《わたし》たちの一番上《ばんうえ》の兄《にい》さんでもなく、二番目《ばんめ》の兄《にい》さんでもなく、七番目《ばんめ》、八番目《ばんめ》の兄《にい》さんでもなく、ヨセフのような十一番目《ばんめ》の弟《おとうと》だ」と、公認《こうにん》を受《う》けるような立場《たちば》に立《た》たなければなりません。十一人《にん》の兄弟《きょうだい》すべてが、このようにならなければならないのです。

そのためには、どのように生《い》きなければならないかというと、何《なに》も言《い》わずに犠牲《ぎせい》とな

って、兄弟《きょうだい》たちのために生《い》きなければなりません。それと同《おな》じ位置《いち》に立《た》たなければならないのです。（一九八一・四・一二）

4　兄弟間《きょうだいかん》の友愛《ゆうあい》――父母《ふぼ》の相続《そうぞく》を受《う》ける者《もの》

統一教会《とういつきょうかい》の家庭《かてい》は、たくさんの子供《こども》を生《う》むでしょう？　一番《ばん》たくさん生《う》んだ家庭《かてい》は、何人《なんにん》ですか。兄弟《きょうだい》は多《おお》いほどいいのですが、一《ひと》つ皆《みな》さんが喜《よろこ》ぶべきことは、兄弟《きょうだい》が多《おお》ければ御飯《ごはん》を食《た》べる時《とき》も、一《ひと》つのお茶《ちゃ》わんに盛《も》って、二人《ふたり》が分《わ》けて食《た》べるのです。そのようにしなければならないのです。御飯《ごはん》がお茶《ちゃ》わん一杯《ぱい》しかないといって、けんかしてはなりません。兄弟《きょうだい》が多《おお》くて、どんなに暮《く》らしが大変《たいへん》でも、「私《わたし》は御飯《ごはん》を抜《ぬ》いて、お姉《ねえ》さんにあげなければ、弟《おとうと》にあげなければ」という、そのような愛《あい》の心《こころ》をもてば、いくらでも良《よ》くなるのです。

皆《みな》さんは、良《よ》い服《ふく》は私《わたし》が着《き》て、悪《わる》い服《ふく》は弟《おとうと》にあげるのですか。反対《はんたい》なのです。サタンの世界《せかい》と反対《はんたい》に考《かんが》えなければならないのです。統一教会《とういつきょうかい》の祝福《しゅくふく》を受《う》けた家庭《かてい》の子供《こども》たちが

考《かん》えることは、サタン世界《せかい》と違《ちが》わなければならないのです。(一九八一・四・一二)

サタン世界《せかい》の前《まえ》での体面《たいめん》とは何《なん》でしょうか。お父《とう》さんの体面《たいめん》、お母《かあ》さんの体面《たいめん》が問題《もんだい》なのです。そのようなことが分《わ》からなければなりません。祝福《しゅくふく》家庭《かてい》の暮《く》らし方《かた》はいかにあるべきかということが、分《わ》からなければなりません。お母《かあ》さんたちがすべきこと、私《わたし》たちがすべきことが分《わ》からないといけないのです。

どんなに暮《く》らしが大変《たいへん》でも、どんなに苦《くる》しい生活《せいかつ》をしていても、感謝《かんしゃ》して、天《てん》の前《まえ》に涙《なみだ》を流《なが》しながら、その日《ひ》を待《ま》つのです。おなかのすくのを我慢《がまん》しながら、「神様《かみさま》、私《わたし》たちの民族《みんぞく》を愛《あい》し、私《わたし》たちの母《はは》の願《ねが》いを成就《じょうじゅ》させてください」と言《い》えなければならないのです。

そういうことが多《おお》ければ多《おお》いほど、神様《かみさま》は、良《よ》いものをすべて、ぽんぽんと、後《うし》ろのポケットに入《い》れておかれるのです。神様《かみさま》の後《うし》ろには、ポケットが数《すう》千個《こ》もあるのです。そうしておいて、時《とき》が来《く》れば、「ほら、君《きみ》にあげるよ」と、一番底《ばんそこ》から、一《ひと》つ、二《ふた》つと出《だ》してくださるのです。

「二十一歳《さい》まで我慢《がまん》しなさい。そうすれば、サタンの前《まえ》に完全《かんぜん》に勝利《しょうり》できます」と言《い》われ、そのような立場《たちば》で祈祷《きとう》できるようになると、一番良《ばんよ》い宝物《たからもの》が神様《かみさま》の後《うし》ろのポケットから、ひっきりなしに出《で》てくるのです。その時《とき》が十五歳《さい》ぐらいなのです。「神様《かみさま》が何《なん》だ！　十五年間待《ねんかんま》っても何一《なにひと》つ与《あた》えられないなんて、これは何《なん》だ！」と言《い》ってしまえば、十年間勉強《ねんかんべんきょう》したことが、すべて台無《だいな》しになるのです。（一九八一・四・一二）

兄弟《きょうだい》の中《なか》で、どの兄弟《きょうだい》よりも兄弟《きょうだい》のためになり、父母《ふぼ》のためになり、全体《ぜんたい》のためになる兄弟《きょうだい》が、父母《ふぼ》からの相続《そうぞく》を受《う》けるのです。

問題《もんだい》を起《お》こして、お父《とう》さん、お母《かあ》さんの言《い》うことを聞《き》かず、したい放題《ほうだい》にするという人《ひと》たちはみな、びりになってしまうのです。

それでは何《なに》に一番価値《ばんかち》があるのかといえば、幼《おさな》い時《とき》から苦痛《くつう》に遭《あ》いながらも、耐《た》えて祈祷《きとう》することです。それが一番貴《ばんとうと》いのです。ですから苦労《くろう》をたくさんして、精誠《せいせい》をたくさん尽《つ》くす息子《むすこ》、娘《むすめ》は、お父《とう》さん、お母《かあ》さんから、すべての相続《そうぞく》を受《う》けるのです。どんなに顔《かお》が醜《みにく》く、いくら背《せ》が低《ひく》く、いくら知識《ちしき》がなくても、そのような人《ひと》が、その家《いえ》の中《なか》の相続者《そうぞくしゃ》になるのです。(一九八一・四・一二)

5　二世《にせい》の誇《ほこ》りは真《まこと》の父母《ふぼ》である

皆《みな》さんのお父《とう》さん、お母《かあ》さんは、特《とく》に誇《ほこ》るべきことがないけれども、一《ひと》つ誇《ほこ》れるのは、先生《せんせい》を愛《あい》するということです。真《まこと》の父母《ふぼ》を愛《あい》するというその愛《あい》は、サタンがもてないものです。サタンは、それをもつことができません。真《まこと》の父母《ふぼ》の前《まえ》にサタンは、完全《かんぜん》に後退《こうたい》してしまわなければなりません。地獄《じごく》に行《ゆ》かなければならないのです。

皆《みな》さんがサタンの前《まえ》に誇《ほこ》れることとは、神様《かみさま》を愛《あい》し、真《まこと》の父母《ふぼ》を愛《あい》することです。「この世界《せかい》の中心《ちゅうしん》である真《まこと》の父母様《ふぼさま》を愛《あい》することができるのは、サタンのもてない誇《ほこ》りであり、私《わたし》の氏族《しぞく》もそうであり、私《わたし》の家庭《かてい》でも、お父《とう》さん、お母《かあ》さんの前《まえ》に、それが誇《ほこ》りである」。最初《さいしょ》から最後《さいご》まで誇《ほこ》れることは、真《まこと》の父母《ふぼ》しかないというのです。堕落《だらく》した父母《ふぼ》がとどまり得《う》る位置《いち》では駄目《だめ》なのです。真《まこと》の父母《ふぼ》を否定《ひてい》する位置《いち》では、即座《そくざ》にサタン圏内《けんない》に戻《もど》ってしまうのです。（一九八六・二・一九）

この堕落《だらく》した世界《せかい》で、皆《みな》さんには先生《せんせい》

だけしかいません。全天下《ぜんてんか》を渡《わた》しても替《か》えることができない先生《せんせい》であり、真《まこと》の父母《ふぼ》なのです。先生《せんせい》を愛《あい》することにより、自分《じぶん》の愛《あい》する家庭《かてい》がそこで垣根《かきね》になるのです。私《わたし》がその国《くに》の立場《たちば》で愛《あい》することによって、私《わたし》たちの子孫《しそん》がその国《くに》に行《い》って暮《く》らすのであり、私《わたし》が世界《せかい》を代表《だいひょう》して愛《あい》することによって、私《わたし》たちの子孫《しそん》が、世界的子孫時代《せかいてきしそんじだい》に、その懐《ふところ》に入《はい》って生《い》きられる道《みち》が開《ひら》かれるのです。（一九八六・二・一九）

皆《みな》さんの誇《ほこ》りとは何《なん》ですか。（真《まこと》の父母様《ふぼさま》です）。その次《つぎ》は何《なん》ですか。（愛《あい》です）。真《まこと》の父母《ふぼ》をもつことで、サタンの前《まえ》に誇《ほこ》れるのです。ほかには何《なに》もないのです。私《わたし》たちの誇《ほこ》りは、この宇宙《うちゅう》の中《なか》で真《まこと》の父母《ふぼ》をもったことです。（一九八六・二・一九）

6　真《まこと》の父母様《ふぼさま》と二世《にせい》の使命《しめい》

何《なに》が皆《みな》さんの誇《ほこ》りですか。（真《まこと》の父母様《ふぼさま》です）。その真《まこと》の父母《ふぼ》はどこにいますか。天国《てんごく》はどこにあるかといえば、「私《わたし》の心《こころ》にある」と言《い》わなければならないのです。私《わたし》の心《こころ》です。

私《わたし》の外《そと》ではありません。心《こころ》の中《なか》にあるのです。私《わたし》の考《かんが》えは、私《わたし》の考《かんが》えになることはできません。

心《こころ》の中《なか》からわき上《あ》がる真《まこと》の父母《ふぼ》の考《かんが》え、真《まこと》の父母《ふぼ》のみ旨《むね》を中心《ちゅうしん》とする私《わたし》となって、その生活圏《せいかつけん》を中心《ちゅうしん》として基盤《きばん》がつくられる時《とき》、それが家庭天国《かていてんごく》の基盤《きばん》となり、氏族天国《しぞくてんごく》の基盤《きばん》となり、民族天国《みんぞくてんごく》の基盤《きばん》となり、国家天国《こっかてんごく》の基盤《きばん》となり、世界天国《せかいてんごく》の基盤《きばん》となるのです。私《わたし》の心《こころ》から来《く》るものなのです。

真《まこと》の父母《ふぼ》に従《したが》ってください。真《まこと》の父母《ふぼ》は今《いま》まで、心《こころ》にひずんだすべての世界《せかい》の障害物《しょうがいぶつ》をかき回《まわ》して、すべて壊《こわ》してしまいました。

今《いま》や統一教会《とういつきょうかい》の迫害時代《はくがいじだい》は過《す》ぎ去《さ》りました。百四十カ国《こく》に宣教《せんきょう》に出《で》た時《とき》、今《いま》までその宣教国《せんきょうこく》から反対《はんたい》されたのですが、今《いま》では、すべて過《す》ぎ去《さ》っていったのです。反対《はんたい》しなくなったのです。私《わたし》の一代《だい》で、殉教《じゅんきょう》の歴史《れきし》をすべて食《く》い止《と》めてしまったのです。イエス様《さま》がローマの元老院《げんろういん》で勝利《しょうり》できなかったために、キリスト教《きょう》はローマ四百年《ねん》の迫害時代《はくがいじだい》、犠《ぎ》牲《せい》の時代《じだい》が現《あらわ》れたのです。それは神様《かみさま》のみ旨《むね》から見《み》た時《とき》、とんでもないことなのです。ですから先生《せんせい》一代《だい》で、それらをすべて整備《せいび》したのです。

今《いま》や皆《みな》さんの心《こころ》の中《なか》には、誰《だれ》がいますか。（真《まこと》の父母様《ふぼさま》です）。真《まこと》の父母《ふぼ》は何《なに》をする人《ひと》ですか。堕落《だらく》した父母《ふぼ》は、堕落《だらく》の愛《あい》の種《たね》を蒔《ま》いて、世界中《せかいじゅう》を堕落圏内《だらくけんない》へと追《お》い込《こ》んだのですが、真《まこと》の父母《ふぼ》は、堕落圏《だらくけん》を越《こ》えていく愛《あい》をもって、この堕落《だらく》した世界《せかい》をすべて天上世界《てんじょうせかい》へと連結《れんけつ》し、天《てん》と地《ち》を連結《れんけつ》させる愛《あい》の主人公《しゅじんこう》なのです。ですから、サタン世界《せかい》の愛以上《あいいじょう》に真《まこと》の父母《ふぼ》を愛《あい》さなければならない、という結論《けつろん》が出《で》るのです。

皆《みな》さんのお父《とう》さん、お母《かあ》さん、自分《じぶん》の体《からだ》、自分《じぶん》の妻《つま》、息子《むすこ》、娘《むすめ》よりも、真《まこと》の父母《ふぼ》を愛《あい》さなければ、先生《せんせい》が築《きず》いた天《てん》の国《くに》のすべての蕩減《とうげん》の勝利的基盤《しょうりてききばん》を相続《そうぞく》することはできません。

今日《こんにち》、先生《せんせい》は大韓民国《だいかんみんこく》でも有名《ゆうめい》になったでしょう。皆《みな》さんが今回《こんかい》、仕事《しごと》をしてみて、どうですか。（有名《ゆうめい》です）。ということは、皆《みな》さんがこれから、その人《ひと》たちに何《なに》を感《かん》じるようにしてあげなければならないのでしょうか。その人《ひと》たちは、先生《せんせい》に会《あ》うことができますか。彼《かれ》らは、言葉《ことば》での先生《せんせい》しか知《し》らないのです。その先生《せんせい》に会《あ》いたいのですが、どうすれば会《あ》えますか。望遠鏡《ぼうえんきょう》を通《とお》して、あの月《つき》の国《くに》を通《とお》して、人工衛星《じんこうえいせい》を通《とお》してですか。どのようにしても駄目《だめ》なのです。

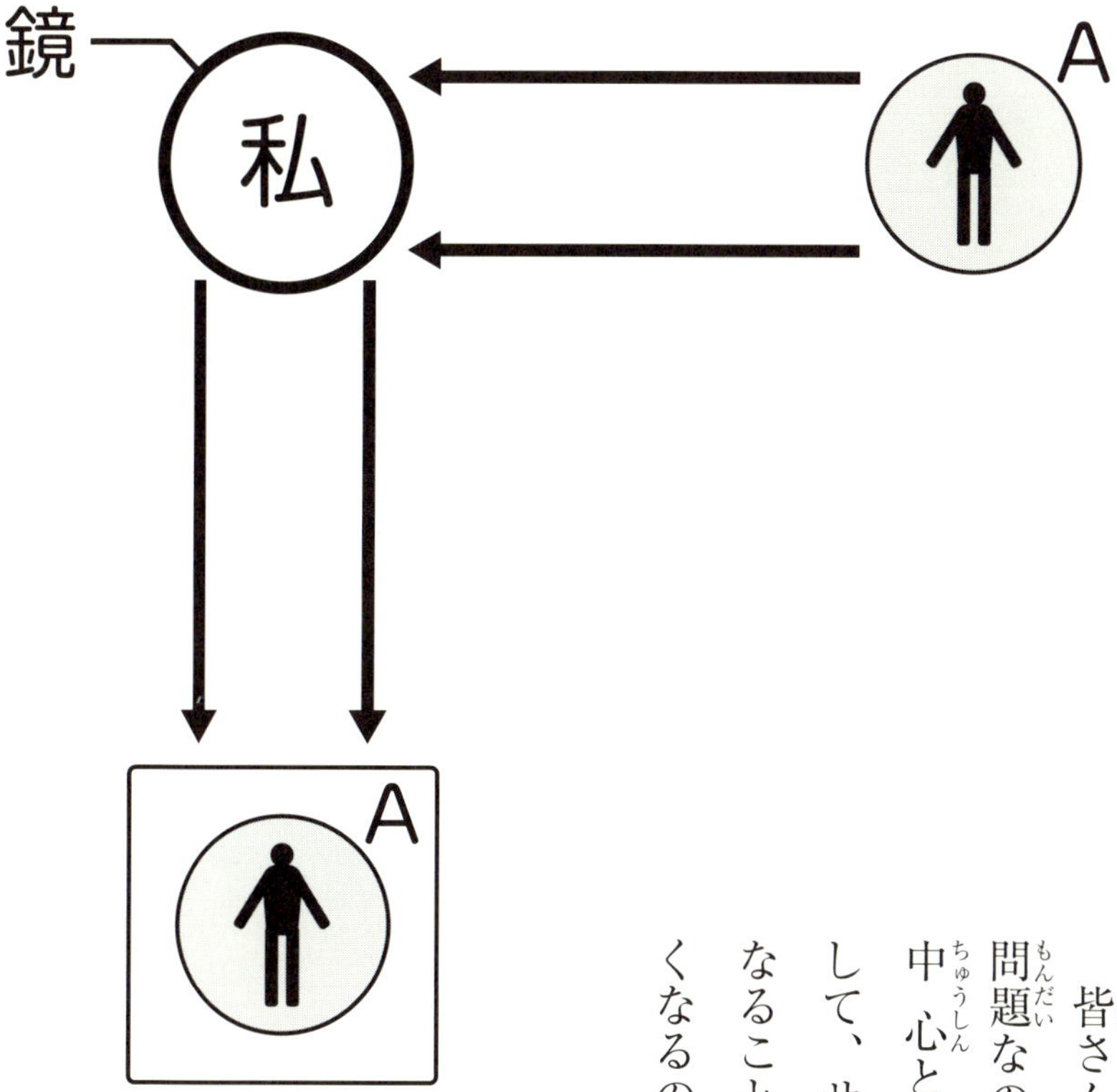

皆《みな》さんが先生《せんせい》の鏡《かがみ》なのです。皆《みな》さんが問題《もんだい》なのです。皆《みな》さんが先生《せんせい》に侍《はべ》る心《こころ》を中心《ちゅうしん》として、体《からだ》は先生《せんせい》の代《か》わりに生活《せいかつ》して、サタン世界《せかい》を整理《せいり》できる責任者《せきにんしゃ》になることによってこそ、サタン世界《せかい》がなくなるのです。（一九八六・二・一六）

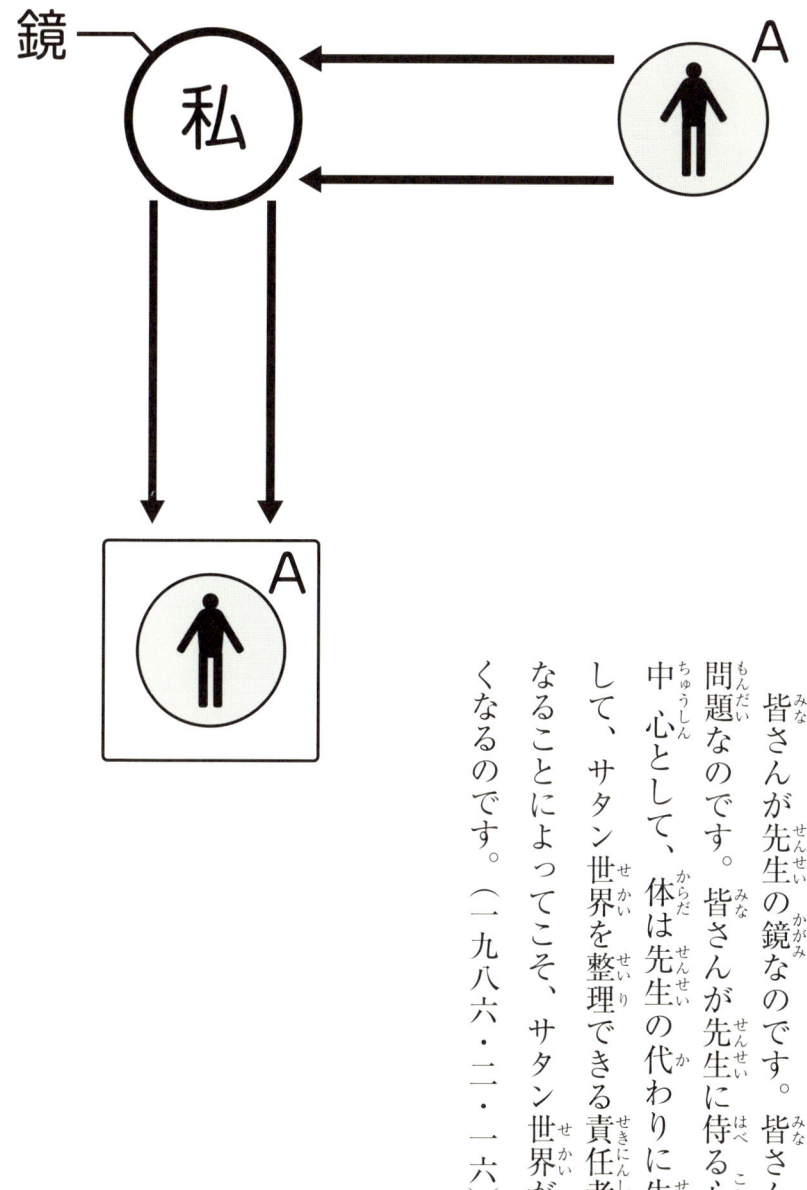

第《だい》二節《せつ》　摂理《せつり》の時《とき》と二世《にせい》の行《い》く道《みち》

1　統一家《とういつけ》の立場《たちば》と実体蕩減時代《じったいとうげんじだい》

皆《みな》さんは、どのような立場《たちば》に立《た》っているのかといえば、統一教会《とういつきょうかい》の教会員《きょうかいいん》はカインの立場《たちば》であり、祝福家庭《しゅくふくかてい》の皆《みな》さんはアベルの立場《たちば》なのです。このような立場《たちば》なのですが、今《いま》まで、長子権争《ちょうしけんあらそ》いをしてきたのです。長子《ちょうし》は誰《だれ》かというと、先生《せんせい》の息子《むすこ》、娘《むすめ》です。先生《せんせい》の息子《むすこ》、娘《むすめ》が侍《はべ》っているので、カインやアベルもみな、自動屈服《じどうくっぷく》するようになっているのです。

ですから、皆《みな》さんの中《なか》で年《とし》のいった人《ひと》も、「孝進《ヒョヂン》お兄《にい》さん」と呼《よ》ぶのですね。なぜそうなのか分《わ》かりますか。それは、長子権《ちょうしけん》をもってきたからなのです。世界《せかい》を代表《だいひょう》する家庭《かてい》的長子権《てきちょうしけん》です。堕落《だらく》した世界《せかい》では、長子権《ちょうしけん》がサタン側《がわ》にあったのですが、今《いま》や長子権《ちょうしけん》はどこにあるかというと、天《てん》の側《がわ》にあるのです。

その長子権《ちょうしけん》が現《あらわ》れたので、これからどうなるのかというと、統一教会《とういつきょうかい》が蘇生期《そせいき》だとすれば、皆《みな》さんは長成期《ちょうせいき》であり、先生《せんせい》の家庭《かてい》は完成期《かんせいき》なのです。この三《みっ》つが一《ひと》つにならなければなりません。そこでは誰《だれ》が中心《ちゅうしん》なのかというとき、統一教会《とういつきょうかい》の教会員《きょうかいいん》が中心《ちゅうしん》ではありません。統一教会《とういつきょうかい》の教会員《きょうかいいん》が蘇生《そせい》であり、祝福《しゅくふく》を受《う》けた家庭《かてい》が長成《ちょうせい》であり、先生《せんせい》の家庭《かてい》が完成《かんせい》の位置《いち》になるのです。

旧約時代《きゅうやくじだい》は物質《ぶっしつ》を対象《たいしょう》にした物質蕩滅時代《ぶっしつとうげんじだい》であり、新約時代《しんやくじだい》は自分《じぶん》の蕩滅時代《とうげんじだい》であり、成約時代《せいやくじだい》は実体蕩滅時代《じったいとうげんじだい》です。統一教会《とういつきょうかい》においては、私《わたし》が物質蕩滅《ぶっしつとうげん》も受《う》けてきたのです。また、興進君《フンジンくん》も蕩減《とうげん》しました。実体蕩減《じったいとうげん》が最後《さいご》なのです。ですから、今《いま》や実体蕩滅時代《じったいとうげんじだい》に入《はい》ったのです。（一九八四・七・一九）

ヤコブも十二人《にん》の息子《むすこ》を中心《ちゅうしん》として摂理《せつり》をし、モーセも十二支派《しは》、イエス様《さま》も十二使徒《しと》を中心《ちゅうしん》として摂理《せつり》してきたのです。ですから、お母様《かあさま》が十二人《にん》の息子《むすこ》、娘《むすめ》を生《う》まなかったならば大変《たいへん》なことになったのです。世《よ》の中《なか》がどんなに悪口《わるぐち》を言《い》おうと、先生《せんせい》は何《なん》としても十二人《にん》の息子《むすこ》、娘《むすめ》を得《え》ないといけないのです。

ですから、韓国《かんこく》の宮中《きゅうちゅう》において妾制度《めかけせいど》が生《う》まれたのです。三千官女《かんじょ》という官女法《かんじょほう》が生《う》まれたのです。天《てん》がそれをつくったのです。そうしなければ、終《お》わりの日《ひ》に合《あ》わせることができないからです。そういう悲惨《ひさん》なことが分《わ》かりますか。私《わたし》たちの時代《じだい》は、そこが違《ちが》うのです。

これからは、誰《だれ》であっても、地位《ちい》を据《す》えて責任的王権《せきにんてきおうけん》を渡《わた》せるようになった時《とき》には、兄弟《きょうだい》を代表《だいひょう》して渡《わた》してあげるのです。駄目《だめ》な兄《あに》より、しっかりした弟《おとうと》を立《た》てることによって世界《せかい》が生《い》きる時《とき》は、その弟《おとうと》を立《た》てたとしても、兄《にい》さんは反対《はんたい》してはいけません。支持《しじ》しなくてはいけないのです。サタン世界《せかい》では、このことを讒訴《ざんそ》してきたので、カイン・アベルの闘争歴史《とうそうれきし》になったのです。私《わたし》たちの時代《じだい》は、それを讒訴《ざんそ》してはいけないのです。

もし、私《わたし》たちの教会《きょうかい》の中《なか》で、「誰々《だれだれ》は何《なん》の輩《やから》（注：ものども。卑《いや》しめていう言葉《ことば》）」と言《い》ってはなりません。そのような人《ひと》は、あの世《よ》へ行《い》けば引《ひ》っ掛《か》かってしまうのです。父母様《ふぼさま》によく侍《はべ》り、世界《せかい》のためになろうとすることなのに、それがどうして輩《やから》なのですか。木《き》でいえば東　側《ひがしがわ》の枝《えだ》であり、西側《にしがわ》の枝《えだ》なのです。見守《みまも》ってあげて、「早《はや》く大《おお》きくなりなさい」と言《い》うべきであり、めちゃくちゃにすることとは、原則《げんそく》が違《ちが》うのです。そのようなすべての歴史的《れきしてき》な摂理《せつり》の恨《うら》みを、私《わたし》たちは知《し》っているのです。これらはみな、私《わたし》たちだけが収　拾《しゅうしゅう》できる内容《ないよう》なのです。（一九八四・七・一九）

2　復帰《ふっき》された本然《ほんぜん》の長子《ちょうし》と一《ひと》つになること

皆《みな》さん、天国《てんごく》に行《ゆ》きたいですか。そのためには、神様《かみさま》の息子《むすこ》、娘《むすめ》にならなければなりません。神様《かみさま》の息子《むすこ》、娘《むすめ》になろうとすれば、アベルとしてカインを救《すく》い、父母様《ふぼさま》の公認《こうにん》を受《う》けなければなりません。父母様《ふぼさま》の公認《こうにん》を受《う》けるには、父母様《ふぼさま》の息子《むすこ》と一《ひと》つにならなければならないのです。今《いま》は子女時代《しじょじだい》なので、私《わたし》たちが父母様《ふぼさま》と一《ひと》つになろうとするには、カイン・アベルの位置《いち》を訪《たず》ねてきた長子《ちょうし》と一《ひと》つにならなければなりません。直　接《ちょくせつ》、父母様《ふぼさま》と一《ひと》つにはなれないのです。先生《せんせい》の息子《むすこ》が長子《ちょうし》なのです。堕落《だらく》した長子《ちょうし》ではなく、天《てん》の前《まえ》に完成《かんせい》した本然《ほんぜん》の位置《いち》です。皆《みな》さんの息子《むすこ》、娘《むすめ》は、カインと一《ひと》つにな

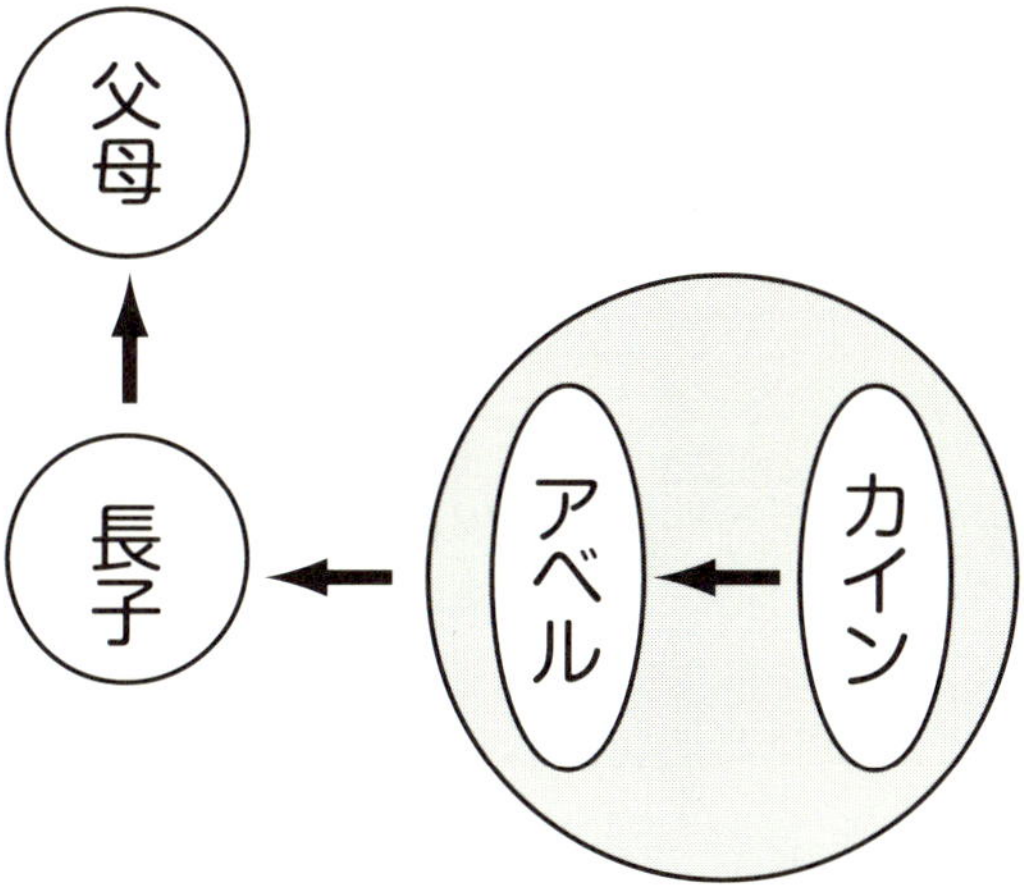

ることにより、アベルの位置《いち》の恵沢《けいたく》を受《う》けて天国《てんごく》に入《はい》るのです。堕落《だらく》したことをすべて蕩滅《とうげん》して、堕落《だらく》しなかったという条件《じょうけん》をもつのです。（一九八四・七・一九）

長子《ちょうし》は、誰《だれ》をだましたのでしょうか。父母《ふぼ》をだましたのです。皆《みな》さん「三十六家庭《かてい》」は、今《いま》まで誤《あやま》った点《てん》も多《おお》いのです。自分《じぶん》の子供《こども》を愛《あい》しています。私《わたし》は、孝進《ヒョジン》や譽進《イエジン》に対《たい》して申《もう》し訳《わけ》ない思《おも》いなのです。私《わたし》は、優《やさ》しく抱《いだ》いて愛《あい》してあげようとしなかったのです。忍《にん》耐力《たいりょく》が必要《ひつよう》です。それは、皆《みな》さん（三十六家庭《かてい》）が愛《あい》さなければならないのです。私《わたし》は、サタン世界《せかい》を愛《あい》するので、皆《みな》さんは、孝進《ヒョジン》に対《たい》して天使長《てんしちょう》の位置《いち》から教えてあげなければならないのです。「父母様《ふぼさま》には、このようにして侍《はべ》らなければなりません」というようにです。本来《ほんらい》、アダムを誰《だれ》が教育《きょういく》してあげなければならなかったかというと、神様《かみさま》が教育《きょういく》するのではなく、三天使長《てんしちょう》が教育《きょういく》しなければならなかったのです。

そのような意味《いみ》で、「三十六家庭《かてい》」は天使長《てんしちょう》の使命《しめい》を身代《みが》わりしなければなりません。復帰《ふっき》されたアベルの立場《たち》……

三時代《じだい》、十二数《すう》を身代《みが》わりした責任《せきにん》を負《お》わなければなりません。復帰《ふっき》されたアベルの立場《ば》に立《た》ち、先生《せんせい》の家庭《かてい》の息子《むすこ》を中心《ちゅうしん》として、復帰《ふっき》された本然《ほんぜん》の長子《ちょうし》を中心《ちゅうしん》として、千年、万年《まんねん》、感謝《かんしゃ》する心《こころ》で一《ひと》つになり、父母様《ふぼさま》に侍《はべ》る伝統《でんとう》を立《た》てなければならないのです。しかし、それができなかったのです。（一九八四・七・一九）

それが確実《かくじつ》に分《わ》かったなら、今《いま》や誰《だれ》と一《ひと》つにならなければなりませんか。（長子《ちょうし》です）。十二人《にん》の息子《むすこ》たちと、私《わたし》たちの家族《かぞく》と一《ひと》つにならなければなりません。私《わたし》たちが地位《ちい》を据《す》えた時《とき》は、皆《みな》さんがみな入籍《にゅうせき》しなければならないのです。そして、どれかの支派《しは》に属《ぞく》さなければなりません。国《くに》ができた時《とき》は、どれかの支派《しは》に属《ぞく》するようになるのです。十二の支派《しは》です。そうでなければ、父《ちち》の前《まえ》に出《で》る道《みち》がありません。このような原則《げんそく》があるので、統一家《とういっけ》は移動《いどう》することがないのです。揺《ゆ》れることがないのです。不義《ふぎ》の悪童《あくどう》が現《あらわ》れるとしても、原理《げんり》が一遍《いっぺん》に除去《じょきょ》するのです。（一九八四・七・一九）

3　今《いま》までの自分《じぶん》を捨《す》てて父母以上《ふぼいじょう》になりなさい

今《いま》まで生《い》きてきたことをみな、放棄《ほうき》してしまわなくてはなりません。今《いま》から皆《みな》さんは、自分《じぶん》のお父《とう》さん、お母《かあ》さんを見習《みなら》うのではなく、皆《みな》さんがお父《とう》さん、お母《かあ》さん以上《いじょう》にならなければばなりません。皆《みな》さんだけは、お父《とう》さん、お母《かあ》さんより優《すぐ》れなければばなりません。お父《とう》さん、お母《かあ》さんが天《てん》の前《まえ》に立《た》てることのできなかった伝統《でんとう》までも皆《みな》さんが立《た》てなければ、お父《とう》さん、お母《かあ》さんの行《い》く道《みち》までふさがってしまうのです。そのようなことが起《お》こるのです。ですから、皆《みな》さんを通《とお》して、父母《ふぼ》を復帰《ふっき》するのです。「原理《げんり》」で、アベルが父母《ふぼ》を復帰《ふっき》するようになっているようにです。（一九八四・七・一九）

今《いま》から蕩減時代《とうげんじだい》が来《く》るのです。この世界《せかい》は、私《わたし》たちの世界《せかい》です。先生《せんせい》を迫害《はくがい》した共産《きょうさん》世界《せかい》はみな過《す》ぎ去《さ》ってしまい、民主世界《みんしゅせかい》もみな過《す》ぎ去《さ》っていきます。これからはゴッデイズム（神主義《かみしゅぎ》）、ユニフィケーショニズム（統一主義《とういつしゅぎ》）の世界《せかい》へ跳躍《ちょうやく》するのです。そのためには、原理原則《げんりげんそく》に立脚《りっきゃく》した本性《ほんせい》の基準《きじゅん》を中心《ちゅうしん》として、原理《げんり》のその核心基準《かくしんきじゅん》である愛《あい》を中心《ちゅうしん》として完成《かんせい》できる、代表的《だいひょうてき》な男性《だんせい》や女性《じょせい》とならなければなりません。そうならなければ、この天宙《てんちゅう》と大宇宙《だいうちゅう》の前《まえ》に、神様《かみさま》の願《ねが》われる創造理想世界《そうぞうりそうせかい》は現《あらわ》れることができないというのが原理観《げんりかん》です。皆《みな》さんは不可避的《ふかひてき》に運命《うんめい》を懸《か》けて、その位置《いち》に行《ゆ》かなければならないのです。（一九八四・七・一九）

皆《みな》さんが今《いま》、問題《もんだい》なのです。御覧《ごらん》なさい。このようにアメリカに来《き》ている皆《みな》さんが、これからの大学街《だいがくがい》の学生《がくせい》たちを救《すく》うことにおいて、模範《もはん》とならなければなりません。光《ひかり》にならなければなりません。皆《みな》さんが方向《ほうこう》を提示《ていじ》できる先導的《せんどうてき》な立場《たちば》に立《た》ってこそ、天《てん》が願《ねが》う、原理原則《げんりげんそく》に立脚《りっきゃく》した祝福《しゅくふく》を受《う》けた子女《しじょ》の位置《いち》を占《し》めることができるということを、よく知《し》らなければなりません。

これから皆《みな》さんは、勉強《べんきょう》もよくできなくてはなりません。先生《せんせい》は今《いま》まで、二時間《じかん》以上《いじょう》、三時間以上《じかんいじょう》寝《ね》ないで仕事《しごと》をしてきたのです。一生《いっしょう》の間《あいだ》、そのように生《い》きてきたのです。み旨《むね》のみのために、そのような伝統《でんとう》を先生《せんせい》が立《た》ててきたので、皆《みな》さんがそれを引《ひ》き継《つ》げる直系《ちょっけい》の子女《しじょ》となった立場《たちば》で、その伝統《でんとう》に従《したが》って勉強《べんきょう》を一生懸命《いっしょうけんめい》しなければなりません。無駄《むだ》な考《かんが》えをする時《じ》間《かん》はないのです。「他《た》の人《ひと》が十時間《じかん》でできれば、私《わたし》は三時間《じかん》でやる」という信念《しんねん》をもちなさい。（一九八四・六・二〇）

第三節《だいさんせつ》　一《ひと》つになりなさい

1　解放以後《かいほういご》四十年間《ねんかん》の復帰摂理歴史概観《ふっきせつりれきしがいかん》

きょうは八月《がつ》十六日《にち》、韓国《かんこく》が解放《かいほう》されてから四十年目《ねんめ》になる日《ひ》です。復帰摂理《ふっきせつり》を振《ふ》り返《かえ》ってみると、先生《せんせい》は四十年《ねん》の間《あいだ》に、四千年《ねん》の歴史《れきし》を蕩減《とうげん》しなければならなかったのです。ヤコブからイエス様《さま》以後《いご》、今日《こんにち》まで、四千年《ねん》の歴史《れきし》を再蕩減《さいとうげん》する苦労《くろう》をしてきたのです。キリスト教《きょう》が第《だい》二次大戦直後《じたいせんちょくご》、統一教会《とういつきょうかい》と一《ひと》つになっていたならば、キリスト教《きょう》を中心《ちゅうしん》として世界《せかい》が一《ひと》つになっていたことでしょう。

いつも問題《もんだい》になるのが、カインとアベルの問題《もんだい》です。カインはお兄《にい》さんとして先《さき》に生《う》まれました。ところが、先《さき》に生《う》まれたお兄《にい》さんはサタン側《がわ》に立《た》ち、弟《おとうと》のアベルが神側《かみがわ》に立《た》ったのです。歴史路程《れきしろてい》において、これを転換《てんかん》するための戦《たたか》いをしてきたのです。

アベルがカインを復帰《ふっき》せずしては、父母《ふぼ》が地上《ちじょう》に現《あらわ》れることができないのです。父母《ふぼ》が現《あらわ》れても父母《ふぼ》に侍《はべ》ることができないのです。ですから、アベルがカインを復帰《ふっき》する歴史《れきし》は、個人《こじん》、家庭《かてい》、氏族《しぞく》、民族《みんぞく》、国家《こっか》、世界《せかい》、天宙《てんちゅう》、神様《かみさま》の八段階《だんかい》をかけて蕩減《とうげん》してこなければならなかったのです。

このような摂理《せつり》のみ旨《むね》を成《な》し遂《と》げるために、キリスト教《きょう》は霊的《れいてき》ではあっても、アベル的立場《てきたちば》に立《た》って血《ち》の代価《だいか》を払《はら》い、多《おお》くの血《ち》を流《なが》して犠牲《ぎせい》になりながら、命《いのち》を捧《ささ》げながら、サタン世界《せかい》のカインを屈服《くっぷく》させてきたのです。この最高《さいこう》の限界点《げんかいてん》がいつであったかというと、第二次世界大戦《だいじせかいたいせん》の時《とき》です。第二次世界大戦《だいじせかいたいせん》の直後《ちょくご》が、アベル圏《けん》のキリスト教《きょう》が初《はじ》めてカイン圏《けん》の世界《せかい》をすべて掌握《しょうあく》できる時《とき》だったのです。キリスト教文化圏《きょうぶんかけん》に、全世界《ぜんせかい》を主管《しゅかん》し得《う》る特権《とっけん》が賦与《ふよ》された時《とき》だったのです。

アメリカはその時《とき》、キリスト教文化圏《きょうぶんかけん》を中心《ちゅうしん》にして、一《ひと》つの世界《せかい》をつくらなければならなかったのですが、アメリカとキリスト教《きょう》は、そのような神様《かみさま》のみ旨《むね》が分《わ》からなかったのです。どのようにして、この世界《せかい》を一《ひと》つに収拾《しゅうしゅう》し、神様《かみさま》の願《ねが》う世界《せかい》に転換《てんかん》させるのかということを、キリスト教自体《きょうじたい》が分《わ》からず、アメリカ自体《じたい》も分《わ》からなかったのです。それは、分《わ》からないのが当然《とうぜん》です。神様《かみさま》のみ旨《むね》の中《なか》で送《おく》られた再臨主《さいりんしゅ》が、これらをみな教《おし》えてあげなければならないのです。

キリスト教《きょう》とアメリカは、アベル・カインと同《おな》じです。キリスト教《きょう》とアメリカが完全《かんぜん》に一《ひと》つになることによって、父母《ふぼ》が復帰《ふっき》されるのです。ですから、「原理《げんり》」のみ言《ことば》によれば、アベルを通《とお》してカインが復帰《ふっき》されたのちに、アダムとエバは復帰《ふっき》されるのであって、アダムとエバが先《さき》に復帰《ふっき》されることはないのです。ですから、神様《かみさま》の摂理《せつり》は父母《ふぼ》の位置《いち》に立《た》ったアダムとエバが現《あらわ》れる前《まえ》に、カインとアベルが、間違《まちが》って反対《はんたい》になったことを復帰《ふっき》しておかなければなりません。そうでなければ、いつまでもサタン側《がわ》に長子《ちょうし》が残《のこ》ってしまうのです。（一九八五・八・一六）

今日《こんにち》まで、キリスト教《きょう》が統一教会《とういつきょうかい》に反対《はんたい》して、アメリカをはじめ、キリスト教文化圏《きょうぶんかけん》を中心《ちゅうしん》としたすべての国々《くにぐに》が、統一教会《とういつきょうかい》に反対《はんたい》しました。今《いま》まで数多《かずおお》くの宗教《しゅうきょう》が、人類《じんるい》がみな加担《かたん》して、統一教会《とういつきょうかい》と先生《せんせい》に反対《はんたい》してきたのです。このように反対《はんたい》される中《なか》で、統一教会《とういつきょうかい》は何《なに》をしてきたのかというと、長子権《ちょうしけん》を蕩減《とうげん》してきたのです。この四千年《ねん》歴史《れきし》を、二十年間《ねんかん》で蕩減《とうげん》しなければならなかったのです。一九六〇年《ねん》を中心《ちゅうしん》として一九

ニクソン大統領

フォード大統領

カーター大統領

八一年《ねん》まで、これを四年間短縮《ねんかんたんしゅく》させて、一九七六年《ねん》まで蕩減条件《とうげんじょうけん》を立《た》ててこなければならなかったのです。ところが、それが今日《こんにち》まで延長《えんちょう》されてしまったのです。

もしその時《とき》に、アメリカを中心《ちゅうしん》として、アメリカの大統領《だいとうりょう》と日本《にっぽん》の首相《しゅしょう》と韓国《かんこく》の大統領《だいとうりょう》が一《ひと》つになっていたならば、すべてがみ旨《むね》の中《なか》で、アベル圏《けん》を中心《ちゅうしん》として復帰《ふっき》された基準《きじゅん》において、世界的《せかいてき》な基盤《きばん》が築《きず》けていたのです。しかし、アメリカの大統領《だいとうりょう》が過《あやま》ちを犯《おか》し、日本《にっぽん》の首相《しゅしょう》と韓国《かんこく》の大統領《だいとうりょう》が一《ひと》つになれなかったことにより、すべてが失敗《しっぱい》してしまったのです。

それを再《ふたた》び復帰《ふっき》するために、アメリカで四代《だい》を経《へ》て十二年間《ねんかん》、その戦《たたか》いを連結《れんけつ》させてきたのです。ニクソン、フォード、カーター、レーガン大統領《だいとうりょう》までの四代《だい》をかけて、四十代《だい》の基準《きじゅん》で、蕩減復帰過程《とうげんふっきかてい》を通《とお》した

レーガン大統領

闘争《とうそう》において、長子権復帰《ちょうしけんふっき》の使命《しめい》を果《は》たすべき教会《きょうかい》とアメリカが反対《はんたい》する位置《いち》に立《た》ったので、先生《せんせい》は、追《お》われ追《お》われて監獄《かんごく》にまで行《い》くようになったのです。それが、今《いま》も続《つづ》いているのです。そして四日前《よっかまえ》に、解放《かいほう》四十年《ねん》の記念日《きねんび》を祝《いわ》ったのちに、先生《せんせい》が解放《かいほう》されたということに意義《いぎ》があるのです。四十四数《すう》です。この数《すう》は、サタン数《すう》の完全数《かんぜんすう》です。そのような数《すう》を中心《ちゅうしん》として蕩減復帰《とうげんふっき》の道《みち》を今《いま》、行《い》っているのです。（一九八五・八・一六）

2　父母様《ふぼさま》を中心《ちゅうしん》とした天国《てんごく》の実現《じつげん》

今日《こんにち》、先生《せんせい》一代《だい》である程度《ていど》、伝統的基準《でんとうてききじゅん》を立《た》てることができたとしても、全世界《ぜんせかい》が完全《かんぜん》に復帰《ふっき》されるということは難《むずか》しいことです。ですから、二世《せい》、三世《せい》まで連結《れんけつ》して

解決《かいけつ》しなければならないという歴史的摂理《れきしてきせつり》が残《のこ》っているのです。神様《かみさま》とアダム・エバとカイン・アベルは三代《だい》です、この三代《だい》を中心《ちゅうしん》として四位基《よんいき》台《だい》ができます。三段階《だんかい》を広《ひろ》げていくと四位基台《よんいきだい》になるのです。三段階《だんかい》を見《み》てみると、おじいさん、お父《とう》さん、孫《まご》です。ですから、一《ひと》つの家庭《かてい》で三代《だい》が共《とも》に暮《く》らすことが原則《げんそく》なのです。三代《だい》がいつも

家庭《かてい》の基礎《きそ》になるのです。（一九八五・八・一六）

先生《せんせい》の家庭《かてい》の息子《むすこ》たちを長子《ちょうし》として見《み》れば、お兄《にい》さんとして見《み》れば、世《よ》の中《なか》から復帰《ふっき》されて入《はい》ってくる人《ひと》たちは次子《じし》になるのです。そこで、順応《じゅんのう》すればよいのです、順応《じゅんのう》するだけです。今《いま》からは、信《しん》じてついてきさえすれば、長子圏《ちょうしけん》、次子圏《じしけん》が設定《せってい》されるのです。その長子《ちょうし》の行《い》く道《みち》についてきさえすれば、統一教会《とういつきょうかい》の祝福《しゅくふく》を受《う》けた家庭《かてい》はもちろん、二世全体《にせいぜんたい》も自動的《じどうてき》にアベル圏《けん》として設定《せってい》されるのです。これは、蕩滅復帰《とうげんふっき》が必要《ひつよう》のない時代《じだい》に入《はい》っていくということなのです。

ですから、初《はじ》めて順理的《じゅんりてき》な基準《きじゅん》が、歴史的《れきしてき》なカイン・アベル過程《かてい》を中心《ちゅうしん》として個人《こじん》蕩滅《とうげん》、家庭蕩滅《かていとうげん》、氏族《しぞく》、民族《みんぞく》、国家《こっか》、世界《せかい》、天宙史的《てんちゅうしてき》なすべての蕩滅《とうげん》をし、父母様《ふぼさま》の勝利《しょうり》の基盤《きばん》を通《とお》して、横的《おうてき》な面《めん》において父母様《ふぼさま》の息子《むすこ》、娘《むすめ》が長子圏《ちょうしけん》を成《な》し、統一教会《とういつきょうかい》の二世《にせい》たちが次子圏《じしけん》を身代《みが》わりできるようになったのです。

このように、長子圏《ちょうしけん》と次子圏《じしけん》が、横的《おうてき》に展開《てんかい》される時代《じだい》が一致《いっち》しなければ、地上天国実現《ちじょうてんごくじつげん》は不可能《ふかのう》なのです。原理《げんり》がそうなのです。いくら地上天国《ちじょうてんごく》を唱《とな》えたとしても、長子圏《ちょうしけん》と次子圏《じしけん》が、神様《かみさま》を中心《ちゅうしん》として勝利《しょうり》された父母《ふぼ》の基準《きじゅん》と血統的因縁《けっとうてきいんねん》を通《とお》した関係《かんけい》で結《むす》ばれなくては、地上《ちじょう》の天国顕現《てんごくけんげん》は、原理観的《げんりかんてき》な立場《たちば》からも不可能《ふかのう》なのです。

それでは、統一教会《とういつきょうかい》の歴史《れきし》において、このような決定《けってい》をいつしたのかということが問題《もんだい》なのです。この決定《けってい》がなくては、根本的《こんぽんてき》にサタンを追《お》い出《だ》すことはできないのです。ですから、先生《せんせい》が監獄《かんごく》に入《はい》る前《まえ》に、孝進《ヒョジン》を立《た》てて、二世《にせい》たちを一《ひと》つにする運動《うんどう》をしたのです。

本当《ほんとう》に孝進《ヒョヂン》が先生《せんせい》の長男《ちょうなん》として、その位置《いち》ですべて責任《せきにん》を負《お》っていく時《とき》に、祝福《しゅくふく》を受《う》けた家庭《かてい》は一《ひと》つになって従《したが》ってこなければなりません。無条件《むじょうけん》で従《したが》ってこなければなりません。自分《じぶん》の主張《しゅちょう》が正《ただ》しいとするアメリカ式《しき》では駄目《だめ》なのです。ここには、何《なん》の式《しき》もありません。父母様《ふぼさま》が提唱《ていしょう》する式《しき》に従《したが》ってこそ、天国《てんごく》に行《ゆ》けるようになっているのであって、今《いま》までのアメリカや韓国《かんこく》の伝統的《でんとうてき》な習慣性《しゅうかんせい》は、天国《てんごく》と因縁《いんねん》が結《むす》べないのです。父母様《ふぼさま》と一《ひと》つになった基準《きじゅん》を中心《ちゅうしん》としての長子圏《ちょうしけん》と次子圏《じしけん》が横的《おうてき》に設定《せってい》されない限《かぎ》り、天国顕現《てんごくけんげん》は不可能《ふかのう》であることを、はっきりと知《し》らなければなりません。（一九八五・八・一六）

3　先《さき》に子女様方《しじょさまがた》と一《ひと》つになること

さあ、これからは君《きみ》たちが完全《かんぜん》に一《ひと》つとならなければなりません。私《わたし》の家庭《かてい》の子女《しじょ》は今《いま》十二人《にん》です。十二人《にん》の息子《むすこ》、娘《むすめ》たちです。これからは、それが十二双《そう》になって、十二の支派《しは》の責任《せきにん》をもたなければなりません。君《きみ》たちがどの支派《しは》に入《はい》るとしても、責任者《せきにんしゃ》にならなければならないのです。これから世界的《せかいてき》な支派《しは》を編成《へんせい》するのですが、君《きみ》たちが一《ひと》つになることによって外的支派《がいてきしは》が編成《へんせい》されるのです。

君《きみ》たちの家庭《かてい》は、これからはけんかをしてはなりません。今《いま》までは、知《し》らなかったのでけんかをしたとしても、これからはしてはいけません。そのような伝統《でんとう》を立《た》てなければならないのです。十二歳以前《さいいぜん》には、けんかをしてもいいのです。また、二十歳前《はたちまえ》までは、失敗《しっぱい》をしても許《ゆる》してもらえるのです。私《わたし》たちの十二の家庭《かてい》が完全《かんぜん》に一《ひと》つになった時《とき》、支派編成《しはへんせい》をするのです。

祝福家庭《しゅくふくかてい》も一《ひと》つになって、すべてが支派編成《しはへんせい》をしなければなりません。何々支派《なにナにしは》、何々支派《なにナにしは》というように、これから支派《しは》の名《な》がすべて出《で》てくるのです。しかし、国家《こっか》と世界《せかい》の勝利《しょうり》の版図《はんと》がなくては、名《な》をつけることはできないのです。

ですから、君《きみ》たちがそれをよく知《し》って、内的《ないてき》に固《かた》く団結《だんけつ》し、統一教会《とういつきょうかい》の祝福家庭《しゅくふくかてい》として団結《だんけつ》して、自分《じぶん》の家庭《かてい》のお父《とう》さん、お母《かあ》さんを引《ひ》っ張《ぱ》っていかなければなりません。君《きみ》たちが、父母様《ふぼさま》までも引《ひ》っ張《ぱ》っていかなければなりません。「父母様《ふぼさま》がされる仕事《しごと》を、私《わたし》たちが代《か》わりにしますので、父母様《ふぼさま》はお休《やす》みください」と言《い》うことができるようになれば、世界《せかい》に与《あた》えられた神様《かみさま》の祝福《しゅくふく》を、すべて君《きみ》たちにあげることができるようになるのです。それはどういう意味《いみ》かというと、外的世界《がいてきせかい》がだんだん崩《くず》れていくということです。だんだん崩《くず》れていって、「統一教会《とういつきょうかい》の伝統《でんとう》と、統一教会《とういつきょうかい》の信仰《しんこう》と、統一教会《とういつきょうかい》の決意《けつい》に満《み》ちた群《む》れにならなければ駄目《だめ》だ」と言《い》うようにならなければなりません。自然《しぜん》に世界《せかい》が注目《ちゅうもく》するようになるのです。（一九八五・八・一六）

4　祖国創建《そこくそうけん》は子女《しじょ》たちが一《ひと》つになるところから

今日《こんにち》まで、歴史過程《れきしかてい》におけるカイン・アベルを中心《ちゅうしん》として、長子権復帰《ちょうしけんふっき》の基準《きじゅん》を探《さが》し求《もと》め、世界的蕩減路程《せかいてきとうげんろてい》をみな父母様《ふぼさま》が準備《じゅんび》したのです。ですから、真《まこと》の父母様《ふぼさま》の家庭《かてい》を中心《ちゅうしん》として、長子《ちょうし》・次子《じし》の権限《けんげん》を世界的基準《せかいてききじゅん》に連結《れんけつ》させ得《う》るものが祝福《しゅくふく》なのです。この日《ひ》を神様《かみさま》がどれほど待《ま》ち焦《こ》がれ、父母様《ふぼさま》がどれほど待《ま》ち焦《こ》がれてこられたことでしょうか。また、この人類《じんるい》がどれほど待《ま》ち焦《こ》がれてきたことでしょうか。それによって、三年《ねん》の期間《きかん》を中心《ちゅうしん》として、「祖国創建《そこくそうけん》」という標語《ひょうご》を下《くだ》したのです。

では、祖国創建《そこくそうけん》は、どこから始《はじ》まるのかというと、家庭《かてい》から始《はじ》まるのです。そのような家庭《かてい》の位置《いち》が定《さだ》まらない限《かぎ》り、国《くに》が一《ひと》つになれないのです。世界《せかい》が一《ひと》つになれないのです。(一九八五・八・一六)

第四節《だいせつ》　二世《にせい》たちの七年路程《ねんろてい》

1　祝福家庭《しゅくふくかてい》と子女《しじょ》たちの行《い》くべき七年路程《ねんろてい》

皆《みな》さんが祝福《しゅくふく》を受《う》けたからといって、それがすべてではないのです。祝福《しゅくふく》を受《う》けて、生《う》まれたその位置《いち》は長成期完成級《ちょうせいきかんせいきゅう》なのです。ですから、皆《みな》さんは生活《せいかつ》において誤《あやま》ってはなりません。祝福《しゅくふく》を受《う》けたお父《とう》さん、お母《かあ》さんを通《とお》して生《う》まれても、いくら祝福家庭《しゅくふくかてい》だといっても、行《い》かなければならない七年路程《ねんろてい》が残《のこ》っているのです。完成期完成級《かんせいきかんせいきゅう》まで進《すす》んでいくために、そのような原理的《げんりてき》七段階《だんかい》が残《のこ》っているのです。

アダムとエバが堕落《だらく》したことにより、家庭《かてい》が堕落《だらく》したために、長成期完成級《ちょうせいきかんせいきゅう》でカインとアベルを生《う》んで上《あ》がっていったのではなく、落《お》ちて、下《お》りていったのです。ですから、新《あたら》しく家庭《かてい》が天《てん》の前《まえ》に祝福《しゅくふく》を受《う》けて現《あらわ》れたとしても、長成期完成級《ちょうせいきかんせいきゅう》から上《あ》がっていかなければなりません。上《あ》がっていくその位置《いち》において、サタンの讒訴《ざんそ》を受《う》けるような環境的与件《かんきょうてきよけん》を残《のこ》しては駄目《だめ》なのです。それが原理《げんり》です。サタンの讒訴《ざんそ》を受《う》けるような環境的与件《かんきょうてきよけん》があってはなりません。

それで今日《こんにち》、堕落圏内《だらくけんない》に落《お》ちたこの世界《せかい》で、祝福家庭《しゅくふくかてい》を中心《ちゅうしん》として統一教会《とういつきょうかい》が長成《ちょうせい》期完成級《きかんせいきゅう》から上《あ》がっていくとしても、皆《みな》さんの周囲《しゅうい》と環境《かんきょう》はみな、サタンの讒訴圏内《ざんそけんない》にあるのです。それを、誰《だれ》が解決《かいけつ》してくれるのかというと、皆《みな》さんの家庭自体《かていじたい》で解決《かいけつ》することはできないのです。人類《じんるい》の祖先《そせん》となるアダムとエバのような人《ひと》が現《あらわ》れて、これを解決《かいけつ》してあげなければ、皆《みな》さんの家庭《かてい》がいくら祝福《しゅくふく》を受《う》けたといっても、サタン世界《せかい》から逃《のが》れる道《みち》はありません。これが「原理《げんり》」の骨子《こっし》なのです。（一九八六・四・八）

2　お父様《とうさま》の七年路程《ねんろてい》

一九六〇年《ねん》に先生《せんせい》が聖婚《せいこん》する時《とき》、十四年《ねん》の間《あいだ》、国家的《こっかてき》な基準《きじゅん》で何《なに》をしてきたのでしょうか。皆《みな》さんは知《し》らないのですが、先生個人《せんせいこじん》を中心《ちゅうしん》として、アダムとエバが堕落《だらく》しなかった過程《かてい》から、行《い》くべき伝統的基準《でんとうてききじゅん》を立《た》てなければなりませんでした。その伝統的基準《でんとうてききじゅん》とは何《なに》かというと、サタンを屈服《くっぷく》させ得《う》る基準《きじゅん》をいかに立《た》てるかということです。イエス様当時《さまとうじ》の、イエス様《さま》を中心《ちゅうしん》として国家次元《こっかじげん》で準備《じゅんび》していた基準《きじゅん》を蕩減《とうげん》しなければならないのです。それを蕩減《とうげん》できなければ、祝福《しゅくふく》という位置《いち》は出《で》てこないのです。（一九八六・四・八）

先生個人《せんせいこじん》を中心《ちゅうしん》として、サタンがありとあらゆる反対《はんたい》をしたのです。「個人的《こじんてき》にどんな条件《じょうけん》を立《た》てても、絶対《ぜったい》にみ旨《むね》の道《みち》を行《い》けないようにする」と言《い》うのです。それゆえ、統一教会《とういつきょうかい》を信《しん》じてきた皆《みな》さんの父母《ふぼ》たちの背後《はいご》でも、サタンがすべてに反対《はんたい》してきたのです。（一九八六・四・八）

自分《じぶん》の父母《ふぼ》よりも、神様《かみさま》をより愛《あい》したという位置《いち》に立《た》たなければなりません。今《いま》まで、どんなに父母《ふぼ》を愛《あい》してきたとしても、それはサタン圏内《けんない》に立《た》っていた愛《あい》だったのです。サタン圏《けん》を越《こ》えて、父母《ふぼ》を愛《あい》し得《う》る位置《いち》ではなかったのです。また、サタン圏《けん》を越《こ》えて、そのように愛《あい》し得《う》る夫《おっと》がいなかったのです。そして、さらにサタン圏《けん》を越《こ》えて、子女《しじょ》を愛《あい》する道《みち》がなかったのです。

そのために、今日《こんにち》までの宗教《しゅうきょう》の願《ねが》いとは何《なん》であったかというと、父母《ふぼ》を探《さが》し求《もと》めていく前《まえ》に、相対《そうたい》を探《さが》し求《もと》めなければならないということです。それが復帰路程《ふっきろてい》なのです。それで、イエス様《さま》が第二《だい》のアダムとして来《こ》られて、成《な》さなければならなかったこととは何《なに》かというと、新婦《しんぷ》を探《さが》し、新婦《しんぷ》と出会《であ》って、本然《ほんぜん》の父母《ふぼ》の位置《いち》を求《もと》めていかなければならなかったのです。イエス様《さま》の前《まえ》には、父母《ふぼ》がいなかったのです。

もし父母《ふぼ》がいるとすれば、それは神様《かみさま》でなければなりません。マリヤが生《う》んでくれて、お父《とう》さんがいたとしても、彼《かれ》らが父母《ふぼ》ではありません。それは、一時的《いちじてき》な、ある一《ひと》つの条件《じょうけん》を立《た》てるための、蕩減条件《とうげんじょうけん》を必要《ひつよう》とする父母《ふぼ》だったのです。本然《ほんぜん》の基準《きじゅん》において、アダムとエバを身代《みが》わりして、神様《かみさま》が父母《ふぼ》の体《からだ》をもつことはあり得《え》ないのです。

ですから、先生《せんせい》がイエス様《さま》の前《まえ》に、新郎新婦《しんろうしんぷ》の位置《いち》を探《さが》し立《た》て、初《はじ》めて父母《ふぼ》の位置《いち》に上《あ》がっていけるのです。父母《ふぼ》の位置《いち》に上《あ》がっていくためには、新郎新婦《しんろうしんぷ》を策定《さくてい》できなければ、父母《ふぼ》の位置《いち》を探《さが》し出《だ》すことはできず、もし父母《ふぼ》の位置《いち》を探《さが》し出《だ》せなければ、子女《しじょ》の位置《いち》を探《さが》し出《だ》すことはできないのです。それゆえ、蕩減復帰《とうげんふっき》はすべて何《なに》を基準《きじゅん》にする

のかというと、それが愛《あい》なのです。（一九八六・四・八）

先生《せんせい》がいかに一九六〇年代《ねんだい》に父母《ふぼ》の位置《いち》に立《た》ったといっても、蕩減復帰《とうげんふっき》をしなければならないのです。父母《ふぼ》の位置《いち》に立《た》っているということは、七年路程《ねんろてい》に向《む》かっていくことなのです。では、この七年路程《ねんろてい》で何《なに》をしなければならないのかというと、「父母《ふぼ》の日《ひ》」を策定《さくてい》して、「子女《しじょ》の日《ひ》」を策定《さくてい》して、「万物《ばんぶつ》の日《ひ》」を策定《さくてい》しなければなりません。この七年路程《ねんろてい》で、お母様《かあさま》もそのような位置《いち》まで進《すす》まなければならないのです。

縦的《じゅうてき》に主管的主体《しゅかんてきしゅたい》であるアダムが立《た》てなければならない長成期完成級《ちょうせいきかんせいきゅう》まで、七年《ねん》ずつ二回《かい》の十四年間《ねんかん》の基準《きじゅん》を越《こ》え、サタンと戦《たたか》い、国家基準《こっかきじゅん》までの基盤《きばん》を築《きず》いたのですが、お母様自身《かあさまじしん》においては、そのようになってはいなかったのです。横的《おうてき》な位置《いち》に立《た》てて、七年路程《ねんろてい》、七年間《ねんかん》で、二人合《ふたりあ》わせてサタンの讒訴圏《ざんそけん》を越《こ》えていかなければならないのです。ですから、お母様《かあさま》にも七年路程《ねんろてい》があるのです。

そこで、一九六〇年《ねん》に聖婚式《せいこんしき》を行《おこな》い、一九六八年《ねん》に、「神《かみ》の日《ひ》」を定《さだ》めたのです。「父母《ふぼ》の日《ひ》」、「子女《しじょ》の日《ひ》」、「万物《ばんぶつ》の日《ひ》」を心情的《しんじょうてき》な中心《ちゅうしん》とすることにより、初《はじ》めて「神《かみ》の日《ひ》」を設定《せってい》したので、神様《かみさま》と先生《せんせい》の家庭《かてい》が通《つう》じるようになったのです。神様《かみさま》と先生《せんせい》が通《つう》じ合《あ》い、その次《つぎ》に父母《ふぼ》と子供《こども》が通《つう》じ合《あ》い、父子《ふし》の関係《かんけい》で万物《ばんぶつ》とも通《つう》じ得《う》る条件的版図《じょうけんてきはんと》が開《ひら》かれたのです。それは、全体的環境《ぜんたいてきかんきょう》でなく、条件的環境《じょうけんてきかんきょう》なのです。国家基準《こっかきじゅん》に限《かぎ》られたものであり、世界基準《せかいきじゅん》ではないのです。ですから世界基準《せかいきじゅん》を立《た》てるために先生《せんせい》が韓国《かんこく》で勝利《しょうり》したのち、一九六八年《ねん》から世界舞台《せかいぶたい》での蕩減基準《とうげんきじゅん》を経《へ》ていくのです。（一九八六・四・八）

3　二世《にせい》の行《い》くべき道《みち》

それでは、皆《みな》さんは真正《しんせい》な意味《いみ》から、いかに神様《かみさま》を愛《あい》するのでしょうか。何《なに》よりも神様《かみさま》の愛《あい》を貫《とうと》く思《おも》うことができますか、ということなのです。神様《かみさま》の愛《あい》を探《さが》し求《もと》めなければならないのです。分別《ふんべつ》をわきまえない成長期間《せいちょうきかん》は、思《おも》いのままにしてもいいけれども、物心《ものごころ》がついてきたのちは、父母《ふぼ》の願《ねが》いは何《なに》かということを求《もと》めて、愛《あい》の道《みち》を探《さが》していかなければなりません。そうしなければ、世代《せだい》を受《う》け継《つ》いでいけないのです。縦横《じゅうおう》の歴史《れきし》を清算《せいさん》して越《こ》えていかなければなりません。

祝福《しゅくふく》家庭《かてい》で、祝福《しゅくふく》を受《う》けて育《そだ》ったといっても、先生《せんせい》がこのような蕩減路程《とうげんろてい》を行《い》かなかったならば、皆《みな》さんの家庭《かてい》にも、二世《にせい》の祝福《しゅくふく》はあり得《え》なかったのです。皆《みな》さんのお父《とう》さん、お母《かあ》さんは真《まこと》の父母《ふぼ》ですか。メシヤとなるためには、蕩減条件《とうげんじょうけん》が必要《ひつよう》なのです。そのためには、すべてのカイン・アベルの血統《けっとう》を、真《まこと》の父母《ふぼ》を中心《ちゅうしん》として分別《ぶんべつ》しなければなりません。

真《まこと》の父母《ふぼ》の言葉《ことば》に順応《じゅんのう》しない人《ひと》はいないのです。批評《ひひょう》することも許《ゆる》されないのです。なぜ批評《ひひょう》できないのかというと、万宇宙《ばんうちゅう》が必要《ひつよう》とする絶対基準《ぜったいきじゅん》を探《さが》し立《た》てておいて、愛《あい》の基準《きじゅん》を立《た》てて進《すす》む道《みち》を、真《まこと》の父母《ふぼ》として先生《せんせい》は歩《あゆ》んでいるのです。それは、皆《みな》さんの祖先《そせん》たちにも必要《ひつよう》であり、四十億人類《おくじんるい》にも必要《ひつよう》であり、これから皆《みな》さんと皆《みな》さんの子孫《しそん》にも必要《ひつよう》なのです。人間世界《にんげんせかい》においては、いつ、いかなる時代《じだい》であっても、歴史《れきし》の願《ねが》うものは真《まこと》の愛《あい》の基準《きじゅん》なのです。その基準《きじゅん》を批評《ひひょう》する者《もの》は、この愛《あい》の世界《せかい》には存在《そんざい》することができないのです。

皆《みな》さんは、神様《かみさま》の本然《ほんぜん》の愛《あい》を探《さが》していくことにおいて、先生《せんせい》を絶対視《ぜったいし》する立場《たちば》に立《た》ちましたか、立《た》ちませんでしたか。「私《わたし》のお父《とう》さん、お母《かあ》さんの話《はなし》を聞《き》いてから考《かんが》えてみよう」と言《い》う人《ひと》たちは、みな粉々《こなごな》になってしまうのです。先生《せんせい》が押《お》し出《だ》せば、永遠《えいえん》の崖《がけ》へ落《お》ちてしまいます。ですから、何《なん》のひもで結《むす》ばれていなければならないかというと、血統《けっとう》のひもでも駄目《だめ》なのです。愛《あい》のひもで結《むす》ばれていなければなりません。（一九八六・四・八）

これから、皆《みな》さんの家庭全体《かていぜんたい》の記録《きろく》を残《のこ》しておいて、今《いま》まで指示《しじ》したすべてのことに対《たい》して、合格《ごうかく》なのか不合格《ふごうかく》なのかを先生《せんせい》が決《き》めるので、それを越《こ》えられなければ、すべて引《ひ》っ掛《か》かって、ひっくり返《かえ》ってしまうのです。（一九八六・四・一二）

4　お父様《とうさま》の七年路程《ねんろてい》と二世《にせい》たちの七年路程《ねんろてい》

先生《せんせい》の一代《だい》は、悲惨《ひさん》なものです。アダム時代《じだい》を蕩減《とうげん》しなければならないし、イエス時《じ》代《だい》を蕩減《とうげん》しなければならないのです。また、蘇生時代《そせいじだい》を蕩減《とうげん》しなければならず、長成時《ちょうせいじ》代《だい》を蕩減《とうげん》しなければならず、完成時代《かんせいじだい》を蕩減《とうげん》しなければならないのです。それゆえ、十四年《ねん》ぶりに統一教会《とういつきょうかい》の人《ひと》たちをみな、先生《せんせい》が四十代《だい》になるまで待《ま》たせて、祝福《しゅくふく》したのです。そのためには、国《くに》を越《こ》えて、イエス様《さま》がザカリヤ家庭《かてい》を中心《ちゅうしん》として一《ひと》つになれなかったことを、すべて蕩減復帰《とうげんふっき》しなければならないのです。

その次《つぎ》は、長成期完成級《ちょうせいきかんせいきゅう》という七年路程《ねんろてい》に、世界的《せかいてき》な総攻勢《そうこうせい》があったのです。その時代《じだい》に、そのような道《みち》を行《い》ったので、皆《みな》さんも七年路程《ねんろてい》を行《い》かなければならないのです。七年路程《ねんろてい》が残《のこ》っているのです。それが歴史的《れきしてき》に、六千年《ねん》の聖書歴史《せいしょれきし》を越《こ》え得《う》るものなのです。ですから、今《いま》が歴史的《れきしてき》に一番複雑《ばんふくざつ》な時《とき》なのです。六千年《ねん》の聖書《せいしょ》の歴史《れきし》から見《み》ると、皆《みな》さんにとっての転換期《てんかんき》なのです。

七年路程《ねんろてい》をいつから行《い》かなければなりませんか。さっき、「皆《みな》さんの祖先《そせん》たちは蕩減復帰時代《とうげんふっきじだい》だ」と言《い》ったのですが、皆《みな》さんは何《なん》の復帰時代《ふっきじだい》なのですか。ただの復帰時代《ふっきじだい》なのです。蕩減復帰時代《とうげんふっきじだい》と、ただの復帰時代《ふっきじだい》とは、何《なに》が違《ちが》うのでしょうか。それは、サタンを分別《ぶんべつ》しなければならないことです。サタンを分別《ぶんべつ》しなければ、いつまでも繰《く》り返《かえ》されるのです。（一九八六・四・八）

皆《みな》さんがこれから息子《むすこ》、娘《むすめ》を教育《きょういく》するためにも、七年路程《ねんろてい》を行《い》かなければなりません。その期間《きかん》とは何《なに》かというと、完成時代《かんせいじだい》なのです。それゆえ、本来《ほんらい》は約婚《やっこん》して三年路程《ねんろてい》を行《い》き、その次《つぎ》に結婚後《けっこんご》、三年路程《ねんろてい》を行《い》かなければならないのです。今日《こんにち》の統一教会《とういつきょうかい》がそうなのです。約婚後《やっこんご》に三年路程《ねんろてい》ではなく、本来《ほんらい》は七年路程《ねんろてい》を歩《あゆ》んでから約婚段階《やっこんだんかい》に入《はい》るのです。ところが、先生《せんせい》が蕩減《とうげん》したので、それを途中《とちゅう》で中止《ちゅうし》して、三年半《ねんはん》としたのです。そうして七年《ねん》に合《あ》わせたのです。

その七年期間《ねんきかん》にやるべきこととは何《なに》かというと、まず経済問題《けいざいもんだい》を解決《かいけつ》しなければなりません。なぜ経済問題《けいざいもんだい》を解決《かいけつ》しなければならないかというと、堕落《だらく》したからです。自分《じぶん》自身《じしん》がすべてサタン圏《けん》にいるために、神様《かみさま》が再《ふた》びつくり変《か》えることのできる万物《ばんぶつ》をもっていないのです。肉体《にくたい》までも堕落《だらく》してしまったために、これをサタン世界《せかい》から、私自身《わたしじしん》を再創造《さいそうぞう》するための物質《ぶっしつ》を探《さが》してこなければなりません。エバは、アダムが失《うしな》ってしまったすべての物質《ぶっしつ》を代《か》わりに探《さが》して、蕩減《とうげん》するのです。ですから、皆《みな》さん自身《じしん》を神様《かみさま》の前《まえ》に再創造《さいそうぞう》するための物質《ぶっしつ》を、探《さが》してこなければならないのです。

郵　便　は　が　き

おそれいりますが50円切手をお貼りください

150 - 0042

（受取人）

東京都渋谷区宇田川町

37-18　トツネビル３Ｆ

（株）光言社

出版部愛読者係　行

ご投稿くださいました方の中から「光言社オリジナルはがきセット」を毎月抽選で30名の方にお贈りします。

通信欄　今後どんな内容の本がご希望かお聞かせください。
また、ご要望その他なんでもお聞かせください。

今回お買い上げいただいた書籍名（タイトル）	お買い上げ書店名 お買い上げ日（　　月　　日）

ご購読ありがとうございました。今後の出版企画の参考にさせていただきますので、下記にご記入の上、ご投函くださいますようお願い申しあげます。

本書を何でお知りになりましたか

□新聞・雑誌広告を見て（紙誌名　　　　）
□書店の店頭で見て（　　　　）
□人に勧められて（　　　　）
□当社からの案内・パンフレットを見て（　　　　）
□その他（　　　　）

ご購読新聞	ご購読雑誌

本書についてご感想をお聞かせください

フリガナ お名前	生年月日　　　才 年　月　日	性別 男・女
ご住所　〒 お電話（　　　）　　－		
ご職業　1.会社員　2.公務員　3.自営業　4.自由業　5.医師　6.アルバイト　7.教職員　8.主婦　9.学生　10.その他（　　　）		
勤務先・学校名	所属クラブ・団体名	ご趣味

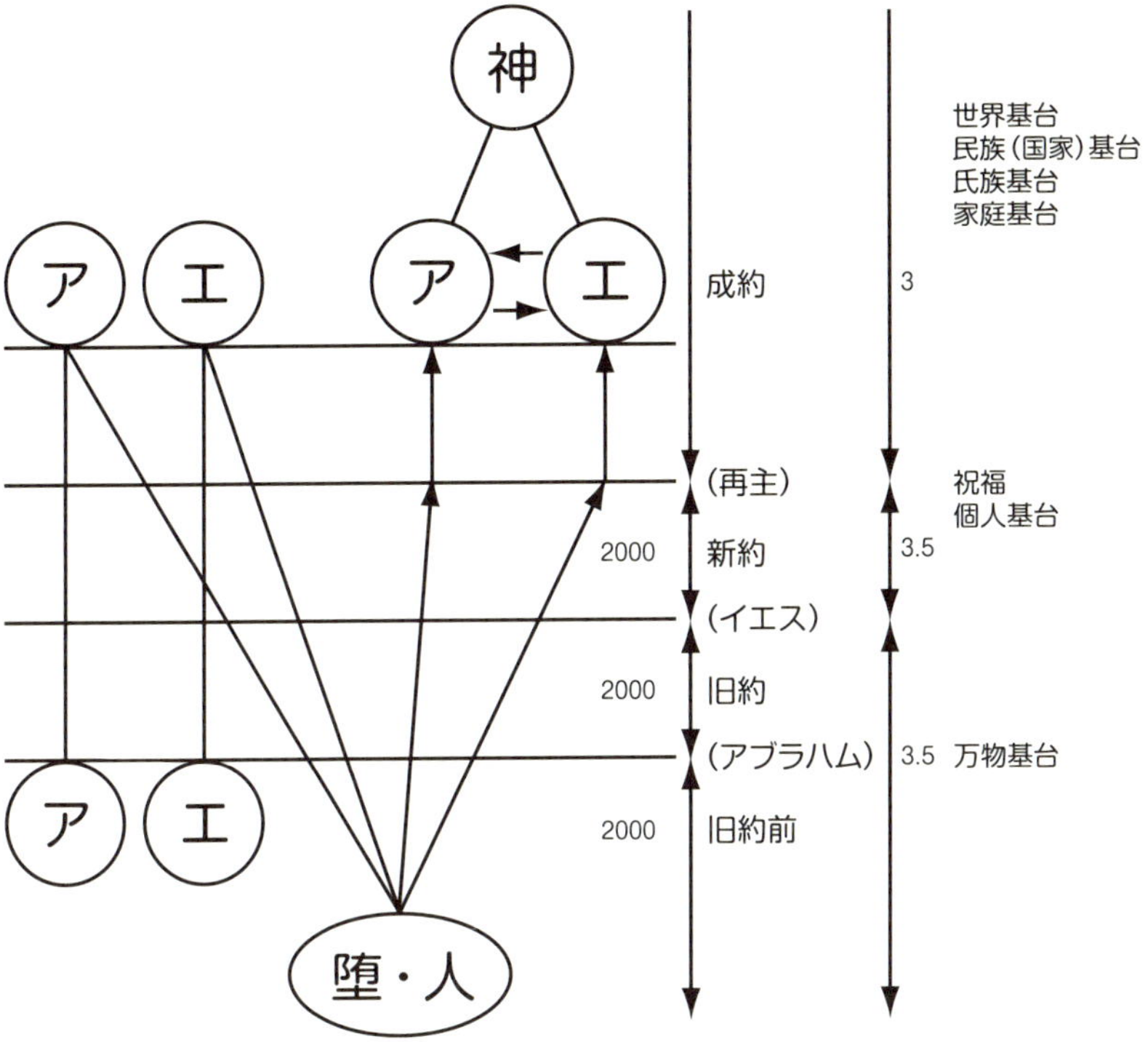

物質《ぶっしつ》を探《さが》して、その次《つぎ》は一線《いっせん》に出《で》て、自分《じぶん》の相対《そうたい》を探《さが》してこなければなりません。相対《そうたい》を探《さが》すには、三人《にん》の信仰《しんこう》の息子《むすこ》、娘《むすめ》がいなければなりません。三人《にん》の信仰《しんこう》の息子《むすこ》、娘《むすめ》がいなければ、相対《そうたい》を探《さが》せないのです。

それはなぜかというと、三天《てん》使長《しちょう》を屈服《くっぷく》させた基準《きじゅん》を立《た》てなければアダムの位置《いち》に上《あ》がっていけないからです。

それで、信仰《しんこう》の息子《むすこ》、娘《むすめ》を探《さが》すために、自分《じぶん》に一番反対《ばんはんたい》する村《むら》に行《ゆ》かなければならないのです。その村《むら》の、隣《となり》の村《むら》では駄目《だめ》なのです。面《ミョン》（注《ちゅう》：行政区画《ぎょうせいくかく》の一《ひと》つで日本《にっぽん》の村《むら》に当《あ》たる）であれば、三《みっ》つの面《ミョン》を経《へ》なければならず、郡《クン》（注《ちゅう》：行政区画《ぎょうせいくかく》の一《ひと》つ。道《ド》の下《した》、邑《ウプ》または面《ミョン》の上《うえ》）であれば、三《みっ》つの郡《クン》を経《へ》なければなりません。自分《じぶん》の故郷《こきょう》の地《ち》では、復帰《ふっき》ができないのです。サタンの一線《いっせん》へ行《い》って探《さが》してこなければならないのです。

このようにして、三人《にん》の信仰《しんこう》の息子《むすこ》、娘《むすめ》を復帰《ふっき》したのちに、祝福《しゅくふく》を受《う》けられるのです。皆《みな》さんには、三人《にん》の信仰《しんこう》の息子《むすこ》、娘《むすめ》がいますか。皆《みな》さんには、そのような条件《じょうけん》は必要《ひつよう》ないのです。けれども、信仰《しんこう》の条件《じょうけん》を探《さが》し立《た》てるために努力《どりょく》する人々以上《ひとびといじょう》に、皆《みな》さんは努力《どりょく》しなければなりません。個人《こじん》、家庭《かてい》、氏族《しぞく》、民族《みんぞく》、国家《こっか》、世界《せかい》まで、一回《ひとまわ》りしてこなければなりません。そのようにして、世界《せかい》カナン復帰《ふっき》をしていくのです。

その次《つぎ》に、皆《みな》さんは先生《せんせい》の故郷《こきょう》に一度《ど》行《い》ってみなければなりません。先生《せんせい》の故郷《こきょう》から出発《しゅっぱつ》すべきなのです。志《こころざし》を定《さだ》めて、先生《せんせい》の故郷《こきょう》へ行《い》って、「さあ、私《わたし》は今《いま》から本当《ほんとう》の公的《こうてき》な道《みち》を行《い》きます！」と、宣誓《せんせい》しなければならないのです。先生《せんせい》の故郷《こきょう》は、どこですか。（定州《チョンヂュ》です）。ですから南北統一《なんぼくとういつ》をして、先生《せんせい》の故郷《こきょう》へ行《い》って暮《く》らさなければなりません。その道《みち》が残《のこ》っているのです。先生《せんせい》の故郷《こきょう》へ行《い》くことは難《むずか》しくはないのです。

皆《みな》さんは、これから七年間《ねんかん》、公的《こうてき》な奉仕《ほうし》をしなければなりません。大学《だいがく》を出《で》ようと出《で》まいと、すべてに奉仕《ほうし》をしなければなりません。軍隊《ぐんたい》の訓練《くんれん》と同《おな》じようにです。一《ひと》つの面《ミヨン》に行《い》って労働《ろうどう》したり、すべてのことをするのです。公的《こうてき》な人《ひと》として合格《ごうかく》するための教育《きょういく》が必要《ひつよう》なのです。小学校《しょうがっこう》、中《ちゅう》・高等学校《こうとうがっこう》も必要《ひつよう》ですが、そのような課程《かてい》が必要《ひつよう》なのです。

高等学校《こうとうがっこう》を卒業《そつぎょう》すれば、普通《ふつう》、何歳《なんさい》ですか。子供《こども》たちのＩＱ《アイキュー》（知能指数《ちのうしすう》）が高《たか》くなるので、早《はや》くなるのです。すべてが七年路程《ねんろてい》を行《い》かなければなりません。そのような過程《かてい》で、失敗《しっぱい》してはなりません。旧約聖書《きゅうやくせいしょ》を見《み》ると、罪人《つみびと》はみな石打《いしう》ちの刑《けい》で殺《ころ》されたのですが、それ以上《いじょう》に恐《おそ》ろしい時代《じだい》が来《く》るかもしれません。

私《わたし》たちがすることはたくさんあります。今《いま》や、韓国《かんこく》の伝統《でんとう》を立《た》てなければならないのです。女性《じょせい》たちが服《ふく》を着《き》るのもそうです。これからは韓国《かんこく》の服《ふく》を世界的《せかいてき》にしなければなりません。そういうことをすべてパスしなければなりません。その次《つぎ》に、結婚《けっこん》をするのです。

ところで皆《みな》さん、それができなかったので、三代《だい》を通《とお》して、皆《みな》さんの息子《むすこ》、娘《むすめ》の時代《じだい》にはできるだろうと思《おも》います。私《わたし》がその時《とき》まで生《い》きていなければ、大変《たいへん》なことですね。

（一九八六・四・八）

第五節《だいせつ》　カナン福地《ふくち》に入《はい》った二世《にせい》の姿勢《しせい》

1　二世時代《にせいじだい》とは復帰時代《ふっきじだい》である

皆《みな》さんは、どれほど大変《たいへん》な歴史時代《れきしじだい》を経《へ》て生《う》まれてきたのかということを知《し》らなければなりません。過去《かこ》に、皆《みな》さんのお父《とう》さん、お母《かあ》さんは蕩減復帰《とうげんふっき》の受難《じゅなん》の道《みち》を行《い》ったのですが、今《いま》からは蕩減復帰《とうげんふっき》という言葉《ことば》もなくなってしまうのです。復帰《ふっき》のための受難《じゅなん》の道《みち》を行《い》ったお父《とう》さん、お母《かあ》さんの時代《じだい》と、皆《みな》さんの時代《じだい》は違《ちが》うのです。お父《とう》さん、お母《かあ》さんたちは蕩減復帰《とうげんふっき》のために、サタンをすべて防衛《ぼうえい》して復帰《ふっき》していかなければならなかったのですが、今《いま》ではサタンの防衛《ぼうえい》は必要《ひつよう》ないのです。蕩減《とうげん》がないのです。復帰歴史《ふっきれきし》は、復帰《ふっき》の道《みち》を行《い》かなければなりません。

先生《せんせい》がこのようにすべて立《た》てておいたので、アフリカでも、南《みなみ》アメリカでも、これからは首相《しゅしょう》たちがみな、私《わたし》に侍《はべ》ってこようとするのです。そのような段階《だんかい》に入《はい》ってきたのです。皆《みな》さんの時代《じだい》は、何《なん》の時代《じだい》になるのですか。（復帰時代《ふっきじだい》です）。皆《みな》さんのお父《とう》さん、お母《かあ》さんの時代《じだい》は何《なん》ですか。（蕩減復帰《とうげんふっき》です）。何《なに》が違《ちが》うかというと、サタンの讒訴条件《ざんそじょうけん》がなくなるということです。簡単《かんたん》なことです。すべての蕩減復帰時代《とうげんふっきじだい》の原則《げんそく》は、同《おな》じなのです。

これから、皆《みな》さんの時代《じだい》です。高等学校《こうとうがっこう》を卒業《そつぎょう》して、その次《つぎ》から七年路程《ねんろてい》に出《で》て活動《かつどう》するのです。七年路程《ねんろてい》は必《かなら》ず行《い》かなければならない道《みち》です。その次《つぎ》は、歓迎《かんげい》を受《う》けに行《い》くのです。復帰路程《ふっきろてい》は同《おな》じなのです。（一九八六・四・八）

2　イスラエル民族《みんぞく》の教訓《きょうくん》と私《わたし》たちの姿勢《しせい》

イスラエル民族《みんぞく》は、どこで滅《ほろ》びたかというと、荒野《こうや》四十年路程中《ねんろていちゅう》に一世《せい》はみな死《し》んだのですが、イスラエルの国《くに》は滅《ほろ》びなかったのです。イスラエルの国《くに》の望《のぞ》みであるカナン福地《ふくち》に向《む》かっていったのです。では、どこで滅《ほろ》びたのでしょうか。カナンの福地《ふくち》に入《はい》ってから滅《ほろ》びたのです。滅《ほろ》びた原因《げんいん》はどこにあったかというと、神様《かみさま》のみ旨《むね》を中心《ちゅうしん》として、指導者《しどうしゃ》が定《さだ》めたことに一致《いっち》できず、環境《かんきょう》に吸収《きゅうしゅう》されたので滅《ほろ》びたのです。そして北朝《ほくちょう》十支派《しは》、南朝《なんちょう》二支派《しは》に分《わ》かれてしまったのです。

もし皆《みな》さんが滅《ほろ》びるとすれば、どこで滅《ほろ》びるのかということをはっきり知《し》らなければなりません。祝福《しゅくふく》を受《う》けた位置《いち》から滅《ほろ》びの道《みち》が生《しょう》じるのです。皆《みな》さんは歴史的事実《れきしてきじじつ》を知《し》ることにより、誤《あやま》った過去《かこ》を参考《さんこう》にして、時代的使命《じだいてきしめい》において滅《ほろ》びる道《みち》を越《こ》えていかなければならないのです。ですから、一日《にち》一日《にち》の生活《せいかつ》が習慣化《しゅうかんか》されてはいけないのです。

皆《みな》さんは、きょうの位置《いち》から、あすの位置《いち》へと発展《はってん》していかなければなりません。その次《つぎ》に、再《ふたた》び発展《はってん》して進《すす》んでいかなければなりません。皆《みな》さんから、新《あたら》しい家庭《かてい》、新《あたら》しい氏《し》族《ぞく》、新《あたら》しい民族《みんぞく》、新《あたら》しい国家形成《こっかけいせい》をしていくのです。皆《みな》さんは、今《いま》の基準《きじゅん》で停止《ていし》してしまってはなりません。あすに向《む》かって、もっと発展《はってん》するために、日々《ひび》の生活《せいかつ》が習慣化《しゅうかんか》されないようにしなければなりません。（一九八六・四・一二）

イスラエル民族《みんぞく》がカナン復帰《ふっき》したのに、なぜ滅《ほろ》びたのかというと、環境《かんきょう》に吸収《きゅうしゅう》されてしまったためなのです。良《よ》いものを食《た》べて、良《よ》い暮《く》らしをしている姿《すがた》を、うらやましく思《おも》ったのです。異邦《いほう》の金持《かねも》ちの女性《じょせい》に、みなついて行《い》ったのです。また、異邦人《いほうじん》の権力《けんりょく》を好《この》み、知識《ちしき》を好《この》んだのです。皆《みな》さんが学《まな》んできた知識《ちしき》が、これからすべて必要《ひつよう》でしょうか。必要《ひつよう》ありません。何々《なになに》の法科《ほうか》とか経済科《けいざいか》とか、どこにも必要《ひつよう》ないのです。

ですから皆《みな》さんは、これからみ旨《むね》を成《な》し遂《と》げるためにも、神学《しんがく》を勉強《べんきょう》するために頭《あたま》に鉢《はち》巻《ま》きをするようにして努力《どりょく》しなければならないのです。先生《せんせい》が経済学《けいざいがく》についていくと思《おも》いますか。先生《せんせい》が政治学《せいじがく》を参考《さんこう》にすると思《おも》いますか。先生《せんせい》は、それを切《き》って、一掃《いっそう》するのです。神様《かみさま》は、そのにおいすらもかぎたくないし、その姿《すがた》を見《み》るのも嫌《いや》なのです。

イスラエル民族《みんぞく》は、カナン福地《ふくち》で滅《ほろ》びたのです。私《わたし》が祝福《しゅくふく》してあげても、滅《ほろ》びることもあり得《う》るということです。しかし、皆《みな》さんは、滅《ほろ》びてはなりません。（一九八六・四・一二）

3　この世《よ》に勝《か》って神様《かみさま》の権威《けんい》を立《た》てること

皆《みな》さんはすべて、世《よ》に勝《か》たなければなりません。この世《よ》の上位《じょうい》に立《た》たなければなりません。世《よ》の中《なか》に埋《う》もれてはなりません。頂上《ちょうじょう》に上《あ》がっていかなければならないので、この世《よ》の人々《ひとびと》がついてくることもできないような、苦難《くなん》の道《みち》を行《い》くのです。統一教会《とういつきょうかい》は、その道《みち》を行《い》くのです。神様《かみさま》も、その道《みち》を行《い》くのです。すべて上位《じょうい》に立《た》とうとするので、サタン世界《せかい》がみな譲歩《じょうほ》しないのです。ですから、上《うえ》にいる者《もの》たちを屈服《くっぷく》させるためには、反対《はんたい》の道《みち》をとって下《お》りていかなければなりません。

皆《みな》さんは戦《たたか》い、頂上《ちょうじょう》に上《あ》がっていく自信《じしん》がありますか。そのためには、反対《はんたい》に下《お》りていくことです。そこで、反対《はんたい》する者《もの》たちは滅《ほろ》び、皆《みな》さんは栄《さか》えるのです。これが摂理《せつり》の秘密路程《ひみつろてい》です。

先生《せんせい》もそうでした。一生《いっしょう》の間《あいだ》、四十年《ねん》の間《あいだ》、戦《たたか》ってきたのです。頂上《ちょうじょう》に上《あ》がっていくために苦労《くろう》の道《みち》を行《い》くので、私《わたし》たちの歴史《れきし》は悲惨《ひさん》な路程《ろてい》になったのです。犬《いぬ》の餌《えさ》を食《た》べながら戦《たたか》ってきたのです。先生《せんせい》は、悲惨《ひさん》な監獄《かんごく》の話《はなし》などあまりしないのですが、とても悲惨《ひさん》な背後《はいご》の歴史《れきし》が残《のこ》っているのです。それが、皆《みな》さんの後世《こうせい》の歴史《れきし》において、灯台《とうだい》のように照《て》らしていく、一《ひと》つの看板《かんばん》になっているということをよく知《し》らなくてはなりません。

世《よ》の頂上《ちょうじょう》に立《た》ち、世《よ》に勝《か》たなければなりません。お母様《かあさま》も、今《いま》ここにいるのですが、そのようなことは何《なに》も知《し》らないのです。私《わたし》の息子《むすこ》もここにいるのですが、彼《かれ》は何《なに》も知《し》らないのです。これは、皆《みな》さんが教《おし》えてあげなくてはなりません。皆《みな》さんは、これがどんなに聖《せい》なることなのか、分《わ》かっていますか。

最初《さいしょ》は何《なん》でしたか。(苦難《くなん》の路程《ろてい》です)。なぜですか。(世《よ》の中《なか》の上《うえ》に立《た》とうとするためです)。世《よ》に勝《か》たなければなりません。この世《よ》の人々《ひとびと》を指導《しどう》しなければなりません。サタンの上《うえ》に立《た》たなければならないのですが、このサタン世界《せかい》が許《ゆる》さないので、神様《かみさま》は仕方《しかた》なく、その反対《はんたい》の道《みち》を行《い》かれたのです。そのために、迫害《はくがい》の道《みち》、苦難《くなん》の道《みち》を行《い》かなければならなかったのです。サタンがついてこれないように、関係《かんけい》を結《むす》べないようにしなければなりません。そのようにして、ひっくり返《かえ》していくのです。(一九八六・四・一二)

4　お父様《とうさま》が歩《あゆ》まれたみ旨《むね》の道《みち》

先生《せんせい》が皆《みな》さんと同《おな》じ年齢《ねんれい》の時《とき》には、絶対《ぜったい》に話《はなし》をしませんでした。自分《じぶん》の行《い》くべき道《みち》を

探《さが》していくにおいて、道理《どうり》を明《あき》らかにできず、自分《じぶん》すら立《た》つことができていないのに、何《なん》の話《はなし》をする必要《ひつよう》があるというのでしょうか。私《わたし》は、そのような生活《せいかつ》をしてきたのです。私《わたし》が口《くち》を開《ひら》く日《ひ》には、天下《てんか》は私《わたし》を止《と》めることができないのです。そのような自信《じしん》を育《そだ》てていかなくてはなりません。騒《さわ》いで、彷徨《ほうこう》するような位置《いち》では、自信《じしん》を育《そだ》てることはできません。根《ね》にはなれません。深《ふか》い根《ね》になることはできません。

ですから、そのような人生行路《じんせいこうろ》において、誰《だれ》よりも苦労《くろう》したのです。先生《せんせい》は乞食《こじき》の生活《せいかつ》から始《はじ》めたのです。乞食《こじき》も救《すく》われなければなりません。それで、乞食《こじき》の父親《ちちおや》の役《やく》もしたし、肉体労働《にくたいろうどう》をする現場《げんば》に行《い》き、労働者《ろうどうしゃ》の責任者《せきにんしゃ》の役《やく》もしてみて、農夫《のうふ》の役《やく》もしてみて、漁夫《ぎょふ》の役《やく》もしてみて、鉱山《こうざん》の仕事《しごと》もし、洞穴《ほらあな》を掘《ほ》ったりもしたのです。鉱山《こうざん》の坑木《こうぼく》を立《た》てることも、すべてしてきたのです。炭《すみ》を焼《や》くことまでもみな、習《なら》ったのです。なぜかというと、み旨《むね》を成《な》すために、もし私《わたし》が追《お》われるようになり、山《やま》の中《なか》に入《はい》っても、天《てん》の召命《しょうめい》に対《たい》する責任《せきにん》を果《は》たさなくてはならないという考《かんが》えをもっていたからです。

そのように歩《あゆ》んできたので、今日《こんにち》、統一教会《とういつきょうかい》の教主《きょうしゅ》になったのです。しかし、それを誰《だれ》かがしなければならないのです。私《わたし》の息子《むすこ》、娘《むすめ》の前《まえ》に、私《わたし》たちの民族《みんぞく》の前《まえ》に、そのまま残《のこ》してはならないので、私《わたし》は難《むずか》しくても今日《こんにち》までやってきたのです。

それで私《わたし》は、民族《みんぞく》に対《たい》して涙《なみだ》をたくさん流《なが》し、この世界《せかい》のためにたくさん涙《なみだ》を流《なが》したのです。彼《かれ》らの前《まえ》に苦労《くろう》を残《のこ》していきたくないので、「私《わたし》がきれいに責任《せきにん》をとります」と言《い》って、この業《わざ》をしてきたのです。そうして、世界統一国《せかいとういつこく》の宣布《せんぷ》まで成《な》してきたのです。今《いま》や、私《わたし》が死《し》んで天《てん》の国《くに》に行《い》っても、「お前《まえ》は責任《せきにん》を果《は》たさなかった」と言《い》われないようになっているのです。先生《せんせい》は、人間《にんげん》として成功《せいこう》したのです。

人類歴史《じんるいれきし》は二百五十万年《まんねん》、一千万年《まんねん》とみなされているのですが、堕落《だらく》したことが分《わ》からなくて、今日《こんにち》まで収拾《しゅうしゅう》できなかったのです。しかし先生《せんせい》の時代《じだい》において、四十年《ねん》の中《なか》で四千年《ねん》の歴史《れきし》をすべてひっくり返《かえ》して、隅々《すみずみ》まですべて繕《つくろ》って、根源《こんげん》から、心情《しんじょう》のその行《い》き違《ちが》った道《みち》まですべて正《ただ》しておいて、人類《じんるい》の解放圏《かいほうけん》まで提示《ていじ》しました。

そうすることによって、神様《かみさま》がこの地上《ちじょう》に君臨《くんりん》されて天国《てんごく》を建設《けんせつ》できる、そのような道理《どうり》を開《ひら》くことができたという事実《じじつ》は、夢《ゆめ》のような話《はなし》なのです。うそのような話《はなし》ですが、これが事実《じじつ》なのです。ですから皆《みな》さんは、そのような恵《めぐ》みの位置《いち》にいるということを、よく知《し》らなくてはなりません。（一九八八・一〇・一六）

【第《だい》二章《しょう》】二世《にせい》の祝福《しゅくふく》と夫婦《ふうふ》の道《みち》

第《だい》一節《せつ》　男女《だんじょ》の真《まこと》の愛観《あいかん》

1　神様《かみさま》が天地万物《てんちばんぶつ》を創造《そうぞう》された動機《どうき》

神様《かみさま》が天地万物《てんちばんぶつ》を創造《そうぞう》するようになった動機《どうき》とは何《なん》でしょうか。根本的《こんぽんてき》な問題《もんだい》に入《はい》ります。すべてのものの王《おう》であられるのに、一《ひと》つだけあるにはあるのですが、使用《しよう》することのできないものがあるのです。それは何《なに》かというと、愛《あい》なのです。心《こころ》に愛《あい》はあるのですが、使《つか》うことができないのです。触《さわ》って、つねって、刺激《しげき》を与《あた》えたいのに、それができないのです。皆《みな》さんもそうでしょう？　何《なに》か良《よ》い物《もの》があれば、後《うし》ろを見《み》て、前《まえ》を見《み》て、開《あ》けてみたいのです。知《し》りたいのです。ところが愛《あい》だけは、神様一人《かみさまひとり》ではどうにもできないのです。これが問題《もんだい》なのです。

神様《かみさま》は、とても退屈《たいくつ》だったというのです。神様《かみさま》のことを考《かんが》えてみてください。何億《なんおく》、何万年《なんまんねん》、独《ひと》りで「ああ、天下《てんか》に、万有《ばんゆう》の大主宰《だいしゅさい》のみ座《ざ》に座《すわ》っているので、うれしい」と言《い》って、じっとしているでしょうか。それほど惨《みじ》めで、やり切《き》れないことはありません。皆《みな》さんも友達《ともだち》がいなければ、寂《さび》しいでしょう？（一九八八・一〇・一六）

2　宇宙《うちゅう》をペア・システムで造《つく》られた理由《りゆう》

神様《かみさま》の愛《あい》を中心《ちゅうしん》として、愛《あい》し合《あ》おうとすれば、この宇宙《うちゅう》は、どのようにならなければならないのでしょうか。神様《かみさま》だけを愛《あい》していてはいけないので、この宇宙《うちゅう》もすべて、ペア・システムで造《つく》ったのです。理論的《りろんてき》なのです。

皆《みな》さん、「それは違《ちが》う」と言《い》えないのです。例《たと》えば、水晶《すいしょう》の結晶体《けっしょうたい》はどのようにできるのかというと、くっついて、くっついて、くっついて、ペア同士《どうし》がくっつきました。そのような相対的概念《そうたいてきがいねん》が連結《れんけつ》され、拡大《かくだい》されていくのです。皆《みな》さんの目《め》には見《み》えないのですが、みなそのように作用《さよう》をしているのです。

ですから、宇宙《うちゅう》はどのように生《しょう》じたのかというと、愛《あい》の概念《がいねん》を標準《ひょうじゅん》として造《つく》られたので、すべてのものは、その愛《あい》の前《まえ》に和動《わどう》し得《う》るようになっているのです。そのためには、

主体《しゅたい》・対象《たいしょう》関係《かんけい》でなければならないのです。独《ひと》りでは愛《あい》することができないのです。したがって主体《しゅたい》・対象《たいしょう》の概念《がいねん》を中心《ちゅうしん》として愛《あい》で連結《れんけつ》されるために、全宇宙《ぜんうちゅう》は、ペア・システムになっているのです。鉱物世界《こうぶつせかい》も、みなペアになっています。異《こと》なるペアのものに、神様《かみさま》が「おい、お前《まえ》。こっちに来《き》て、これとくっつきなさい」と言《い》っても、その命令《めいれい》は聞《き》けないのです。それは、神様《かみさま》にもできないことです。

真《まこと》の愛《あい》の理想《りそう》とは、必《かなら》ず、与《あた》えて受《う》ける素性《そせい》によって内性《ないせい》と外形《がいけい》が和合《わごう》する、その因縁《いんねん》に従《したが》わなければなりません。それができないままで作動《さどう》するのは、それ自体《じたい》が消耗《しょうもう》することなのです。損失《そんしつ》です。ですから、宇宙《うちゅう》がペア・システムになっているという事実《じじつ》を見《み》た時《とき》、先生《せんせい》の言《い》うことは理論的《りろんてき》なのです。天地創造《てんちそうぞう》は愛《あい》というタイトルを中心《ちゅうしん》としてできたので、すべてのものがそうであるのは理論的《りろんてき》なのです。(一九八八・一〇・一六)

動物《どうぶつ》たちも、みな同《おな》じです。最近《さいきん》の秋《あき》は、霜《しも》も降《お》りないので、昼間《ひるま》、山《やま》にでも登《のぼ》って昼寝《ひるね》などしてみなさい。変《か》わった虫《むし》の声《こえ》が聞《き》こえてくるのです。オーケストラのような声《こえ》が聞《き》こえてくるのです。様々《さまざま》な種類《しゅるい》の昆虫《こんちゅう》の鳴《な》き声《こえ》が、みな聞《き》こえてくるのです。「ピッ」と鳴《な》く虫《むし》もいれば、「チェッ、チィ、チェッ」と鳴《な》く虫《むし》、すべてが和音《わおん》になっているのです。そのオーケストラは、人間《にんげん》のものとは違《ちが》うのです。それは、相対《そうたい》を探《さが》して、相対《そうたい》と楽《たの》しんだりする和動《わどう》の音楽《おんがく》なのです。額《ひたい》を突《つ》き合《あ》わせたり、足《あし》をこすり合《あ》わせながら歌《うた》うのです。そういうことを知《し》っていますか。インコなども、そのようにするのです。

では、なぜそのようになっているのでしょうか。それは、神様《かみさま》が愛《あい》というタイトルを中心《ちゅうしん》として、天地万物《てんちばんぶつ》を造《つく》られたからです。そうでなければ、神様《かみさま》は気持《きも》ちが悪《わる》いというのです。「人間《にんげん》は相対同士《そうたいどうし》で、愛《あい》し合《あ》って喜《よろこ》んでいるのに、私《わたし》は何《なん》だ！」と言《い》われるのです。

神様《かみさま》は知恵《ちえ》の王様《おうさま》であられるので、それをすべて分《わ》かって、微生物《びせいぶつ》をはじめとして、すべての動物《どうぶつ》をペアとしてつくられたのです。そして、永生《えいせい》を謳《うた》う愛《あい》を中心《ちゅうしん》として存続《そんぞく》するのが宇宙《うちゅう》なのです。（一九八八・一〇・一六）

3　男性《だんせい》と女性《じょせい》が生《う》まれた理由《りゆう》

人間《にんげん》とは何《なん》でしょうか。人間《にんげん》といえば、男性《だんせい》と女性《じょせい》がいるのですが、男性《だんせい》は何《なん》であり、女性《じょせい》は何《なん》なのでしょうか。なぜ生《う》まれたのですか。皆《みな》さんは、女性《じょせい》として生《う》まれたことを嘆《なげ》いたでしょう。「男性《だんせい》として生《う》まれれば良《よ》かったのに、なぜ女性《じょせい》に生《う》まれたのか」と言《い》って嘆《なげ》きませんでしたか。それは、心配《しんぱい》するには及《およ》びません。

男性《だんせい》が外《そと》に出掛《でか》けていって、あらゆるものをつかんで帰《かえ》ってきた時《とき》に、誇《ほこ》ることのできる対象《たいしょう》とは誰《だれ》でしょうか。平面的《へいめんてき》に誇《ほこ》れる人《ひと》は、妻《つま》しかいないのです。男性《だんせい》は東西南北《とうざいなんぼく》を歩《ある》き回《まわ》り、春夏秋《しゅんかしゅうとう》冬の四季《しき》を通《とお》して、自分《じぶん》が何《なに》かを得《え》たり、何《なに》かを成《な》したりした時《とき》には、それをすべて妻《つま》にあげるのです。男性《だんせい》が収穫《しゅうかく》したものを守《まも》れる主人《しゅじん》は、女性《じょせい》なのです。のちには、愛《あい》までももってきて与《あた》えようとするのです。男性《だんせい》は与《あた》えようとし、それを女性《じょせい》は受《う》けるのです。

お嫁《よめ》に行《ゆ》く女性《じょせい》に、「あなたは、どうしてお嫁《よめ》に行《ゆ》くのですか」と尋《たず》ねると、「愛《あい》されるために行《ゆ》く」と言《い》うのです。「愛《あい》するために行《ゆ》く」という言葉《ことば》は、聞《き》いたことがありません。しかし、女性《じょせい》は愛《あい》されると同時《どうじ》に、背後《はいご》で愛《あい》さなければなりません。球形《きゅうけい》なので、男性《だんせい》がプラスのほうから来《き》たならば、女性《じょせい》は、マイナスのほうから返《かえ》してあげなければなりません。そのように返《かえ》してあげれば、愛《あい》を中心《ちゅうしん》として生命《せいめい》が回《まわ》るのです。（一九八九・一・六）

男性《だんせい》も愛《あい》を中心《ちゅうしん》として、妻《つま》の背後《はいご》から支《ささ》えていかなければならず、女性《じょせい》も夫《おっと》の背後《はいご》から支《ささ》えていかなければなりません。そうすれば、球形《きゅうけい》が生《しょう》じるのです。球形《きゅうけい》の中《なか》で包括《ほうかつ》された夫婦《ふうふ》としてのみ、九〇度《ど》を中心《ちゅうしん》として中央線《ちゅうおうせん》の近《ちか》くに立《た》つことができるのです。

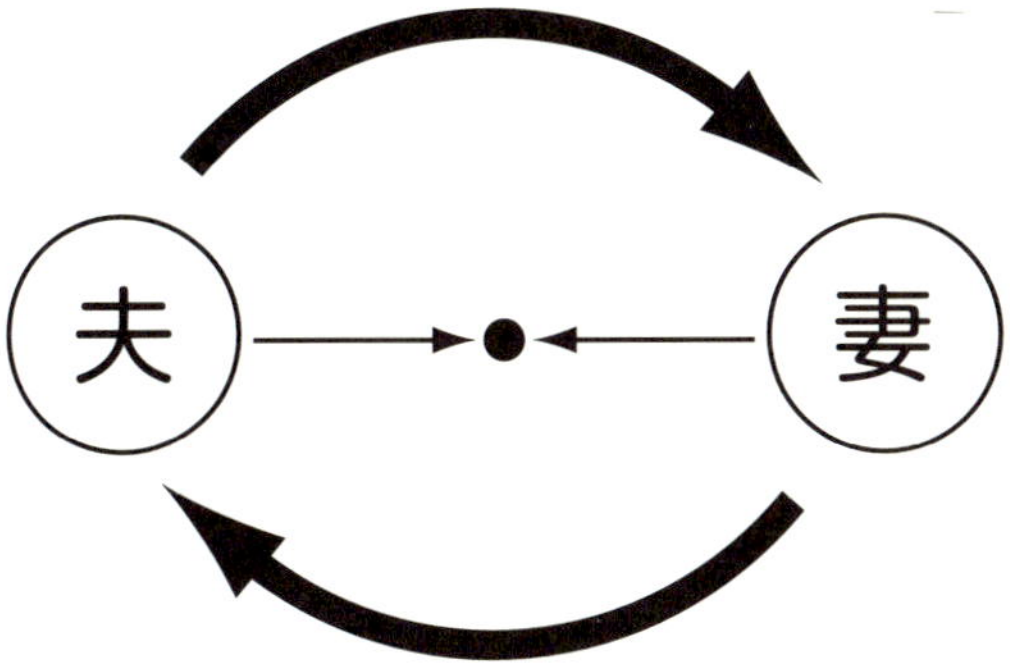

このように見《み》た時《とき》、男性《だんせい》と女性《じょせい》が、なぜ生《う》まれたのでしょうか。簡単《かんたん》なのです。男性《だんせい》は女性《じょせい》のために生《う》まれたのです。

けんかをするために生《う》まれたのですか、好《す》きになるために生《う》まれたのですか。好《す》きになるためにですね。愛《あい》する妻《つま》のことを考《かんが》える時《とき》は、みな許《ゆる》してあげられるのです。愛《あい》する夫《おっと》のことを考《かんが》える時《とき》は、どんなことがあっても腹《はら》を立《た》ててはいけません。腹《はら》を立《た》てたとしても、球形《きゅうけい》を外《はず》れてはいけないのです。初《はじ》めて目《め》を合《あ》わせた時《とき》の因縁《いんねん》を尊重視《そんちょうし》しなければなりません。そこから外《はず》れると、宇宙《うちゅう》から追放《ついほう》されるのです。

（一九八九・一・六）

4　愛《あい》は最短距離《さいたんきょり》を通《とお》るもの

愛《あい》は、神様《かみさま》も好《す》きでしょう? 好《す》きなのか好《す》きでないのか、分《わ》かりますか。そのようなことを感《かん》じたことがありますか。体験《たいけん》したことがありますか。霊的《れいてき》な神様《かみさま》が、愛《あい》が好《す》きなのかどうか分《わ》かりますか。電気《でんき》の線《せん》があるとして、電気《でんき》が通《とお》っていることが分《わ》かりますか。誰《だれ》にでも分《わ》かりますか。電気《でんき》の器械《きかい》で計《はか》れば、感応《かんのう》するので分《わ》かるのです。でなければ、分《わ》かりません。

見《み》えない電気《でんき》を現象的《げんしょうてき》に感《かん》じられるのは、本性的《ほんせいてき》に通《つう》じる刺激《しげき》を感《かん》じられるからです。愛《あい》も同《おな》じなのです。もし、堕落《だらく》していなかったならば、神様《かみさま》が悲《かな》しまれると、皆《みな》さんも自然《しぜん》に悲《かな》しくなるし、神様《かみさま》が喜《よろこ》ばれると、皆《みな》さんも自然《しぜん》にうれしくなるのです。

愛《あい》が恋《こい》しくて泣《な》く人《ひと》の話《はなし》を聞《き》くと、胸《むね》がじーんとしてくるでしょう? それは、なぜでしょうか。皆《みな》さんが、そのような要素《ようそ》をもっているからなのです。共通性《きょうつうせい》をもっているのです。

それゆえ、愛《あい》をかき抱《いだ》いて、人類《じんるい》に対《たい》して神様《かみさま》が泣《な》いていらっしゃるのならば、人間《にんげん》はその神様《かみさま》をけ飛《と》ばしてしまうのでしょうか、歓迎《かんげい》するのでしょうか。このように見《み》たとき、神様《かみさま》が愛以外《あいいがい》で泣《な》かれれば、人々《ひとびと》はみな否定《ひてい》するかもしれないのですが、神様《かみさま》が愛《あい》を中心《ちゅうしん》として、恋《こい》しくて、愛《あい》の目的《もくてき》を達成《たっせい》できなくて悲《かな》しく、切《せつ》なく思《おも》うときには、あらゆる万物《ばんぶつ》が同情《どうじょう》し、そこにみな協助《きょうじょ》しようとするのです。それは、愛《あい》が作用《さよう》する世《せ》界《かい》の道理《どうり》なのです。これは永遠《えいえん》に不変《ふへん》なのです。

より大《おお》きな愛《あい》を中心《ちゅうしん》として、気《き》が狂《くる》うように恋《こい》しい心《こころ》をもってあえぐ人《ひと》は、その環境《かんきょう》を動《うご》かすのです。国《くに》が動《うご》き、家庭《かてい》が動《うご》き、世界《せかい》が動《うご》くのです。（一九八九・一・六）

私《わたし》たち人間《にんげん》は、縦横《じゅうおう》の道理《どうり》を中心《ちゅうしん》として、縦的《じゅうてき》には天《てん》と地《ち》を連結《れんけつ》し、横的《おうてき》には国《くに》から世界《せかい》へ連結《れんけつ》して、全体的《ぜんたいてき》に回《まわ》るのです。先生《せんせい》も同《おな》じです。昔《むかし》、世界《せかい》にまで行《い》く時《とき》には反対《はんたい》されたのですが、帰《かえ》ってくる時《とき》には歓迎《かんげい》を受《う》けたのです。そのように循環《じゅんかん》するのです。ですから、天地《てんち》の度数《どすう》に合《あ》うというのです。神様《かみさま》がそのように動《うご》かれ、先生《せんせい》もそのように縦横《じゅうおう》に動《うご》いたのです。（一九八九・一・六）

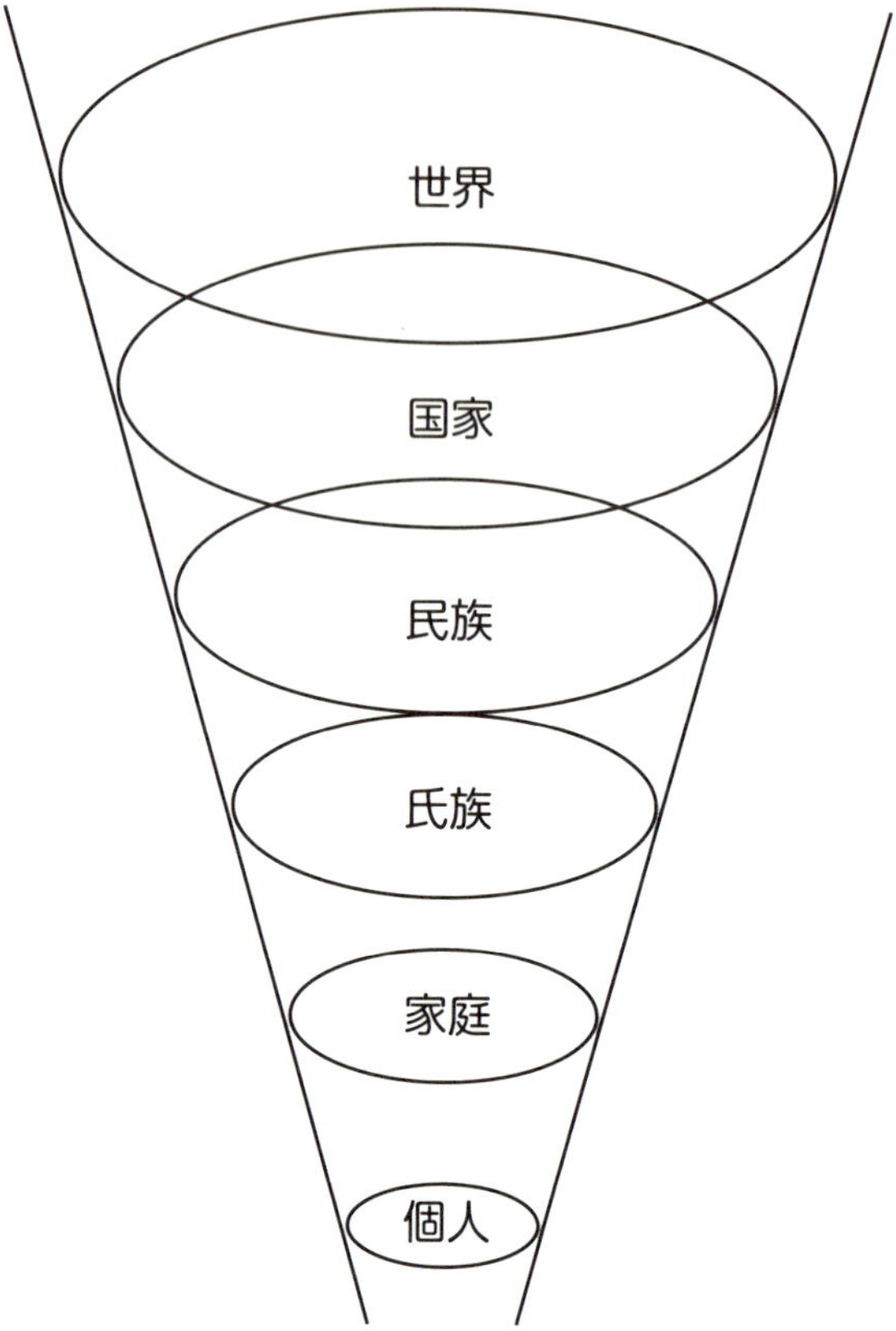

垂直《すいちょく》は、絶対《ぜったい》と連結《れんけつ》されます。愛《あい》が宿《やど》り得《う》る所《ところ》がなぜ垂直《すいちょく》なのかという、それが問題《もんだい》なのです。なぜ垂直《すいちょく》でなければならないのかというと、愛《あい》は一番近《ばんちか》い距離《きょり》を通《とお》るからです。それは簡単《かんたん》なことですが、大切《たいせつ》なことなのです。

愛《あい》する人《ひと》を訪《たず》ねていく時《とき》には、隣近所《となりきんじょ》の村《むら》を訪《たず》ねていくみたいに、そろそろと行《い》きますか。まっすぐ矢《や》のように直行《ちょっこう》しますか。（直行《ちょっこう》します)。直行《ちょっこう》してみたのですか。(笑《わら》い)夜《よる》であろうと昼《ひる》であろうと関係《かんけい》なく、春夏秋冬《しゅんかしゅうとう》、どんなに歴史《れきし》が長《なが》いといっても、愛《あい》は一番《ばん》の最短距離《さいたんきょり》を通《とお》ろうとします。

愛《あい》は、なぜ垂直《すいちょく》なのでしょうか。縦的《じゅうてき》に一番近《ばんちか》い距離《きょり》とは何《なん》ですか。一番上《ばんうえ》にある愛《あい》が一番近《ばんちか》い所《ところ》になくてはならないので、そのように上下《じょうげ》で連結《れんけつ》するのです。それゆえ、愛《あい》だけは万有《ばんゆう》において最短距離《さいたんきょり》で通《つう》じるようになっているのです。ですから、上《うえ》にいるものが下《した》に下《お》りてくる時《とき》には、最短距離《さいたんきょり》で下《お》りてくるのです。それが垂直《すいちょく》なのです。(一九八九・一・六)

5　愛《あい》は円形《えんけい》を描《えが》きながら大《おお》きくなっていく

愛《あい》は、円形《えんけい》を描《えが》いて進《すす》んでいくのです。だんだん小《ちい》さくなるのではなく、だんだん大《おお》きくなっていかなければなりません。愛《あい》は、大《おお》きくなっていかなければならないので、個人的愛《こじんてきあい》よりも、家庭的愛《かていてきあい》を追求《ついきゅう》するのです。皆《みな》さんもそうでしょう? 個人的愛《こじんてきあい》よりも、家庭的愛《かていてきあい》を追求《ついきゅう》するのです。そのためには、自分《じぶん》の家庭《かてい》だけでは駄目《だめ》なのです。氏《し》族《ぞく》が必要《ひつよう》なのです。氏族《しぞく》が必要《ひつよう》なので、螺旋形《らせんけい》に拡大運動《かくだいうんどう》をしながら発展《はってん》するのです。統一教会《とういつきょうかい》では、これを「個人《こじん》は家庭《かてい》のために」と言《い》うのです。なぜかというと、大《おお》きな愛《あい》の世界《せかい》を連結《れんけつ》させようとするからです。国《くに》は世界《せかい》のために、世界《せかい》は天宙《てんちゅう》のために、天宙《てんちゅう》は神様《かみさま》のために、神様《かみさま》は愛《あい》のために。神様《かみさま》は、愛《あい》のために現《あらわ》れたのです。（一九八九・一・六）

第《だい》二節《せつ》　真《まこと》の結婚観《けっこんかん》と理想相対《りそうそうたい》

1　男性《だんせい》と女性《じょせい》が生《う》まれて結婚《けっこん》する目的《もくてき》

愛《あい》は、一人《ひとり》では成《な》し遂《と》げられません。相対関係《そうたいかんけい》で成《な》し遂《と》げられるものなのです。神様《かみさま》が天地《てんち》を創造《そうぞう》されたのも、相対圏《そうたいけん》をつくり、相対的環境《そうたいてきかんきょう》を私《わたし》たち人間《にんげん》に提示《ていじ》するためなのです。それゆえ、すべての自然《しぜん》は、愛《あい》の展示場《てんじじょう》なのです。主人《しゅじん》になるためのアダムとエバを中心《ちゅうしん》として、東西南北《とうざいなんぼく》を眺《なが》めた時《とき》に、すべての存在《そんざい》が教材《きょうざい》となるのです。何《なん》の教材《きょうざい》かといえば、愛《あい》の教材《きょうざい》です。

それゆえ、自然《しぜん》を愛《あい》せない人《ひと》は、人《ひと》を愛《あい》することができません。人《ひと》を愛《あい》せない人《ひと》は、家庭《かてい》をもつことができません。

神様《かみさま》の前《まえ》に、なぜアダムを造《つく》ったのかと尋《たず》ねてみると、もちろん、神様《かみさま》のためでもあるのですが、神様《かみさま》の愛《あい》する娘《むすめ》のために造《つく》ったというのです。ですから、男性《だんせい》は何《なん》のため

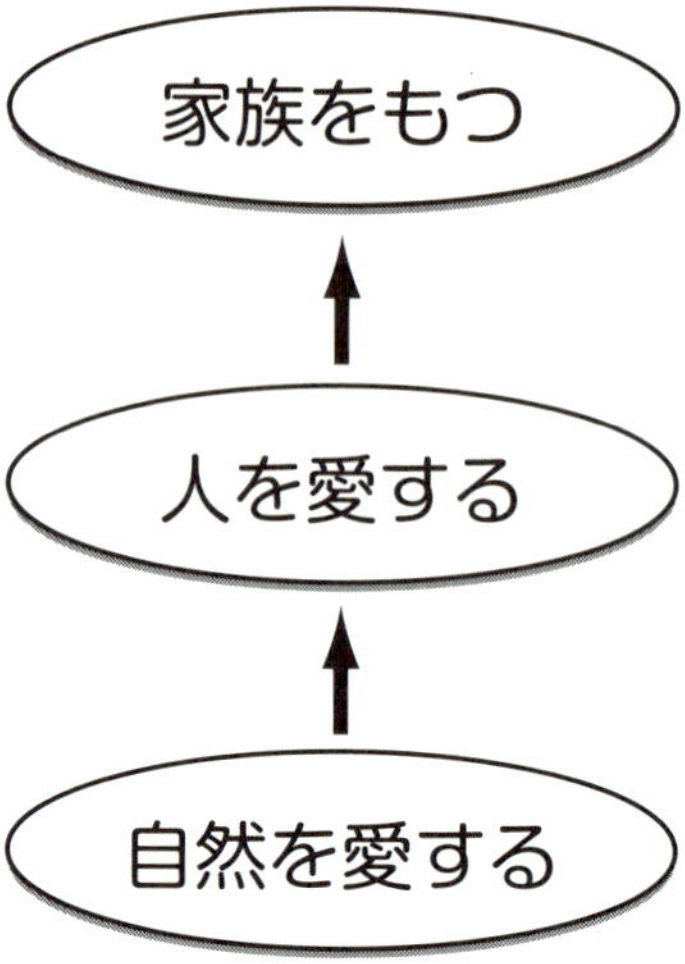

に生《う》まれたのかといえば、女性《じょせい》のために生《う》まれた、ということになるのです。すなわち、愛《あい》するエバのためにアダムを造《つく》ったというのです。

同様《どうよう》に、神様《かみさま》は、なぜエバを造《つく》ったのかといえば、アダムを愛《あい》する女性《じょせい》が必要《ひつよう》だからです。そして、なぜ女性《じょせい》を造《つく》ったのかといえば、アダムのために造《つく》られたのです。ですから、二人《ふたり》は互《たが》いに入《い》れ替《か》わって生《う》まれたのです。それで、アダムの愛《あい》はエバがもっていて、エバの愛《あい》はアダムがもっているのです。皆《みな》さんの至聖所《しせいじょ》は、自分《じぶん》のものではないということです。

先生《せんせい》が今《いま》まで祈祷《きとう》して調《しら》べて、その問題《もんだい》が分《わ》かってみると、簡単《かんたん》な内容《ないよう》なのです。女性《じょせい》はなぜお嫁《よめ》に行《ゆ》こうとするのかというと、自分《じぶん》の主人《しゅじん》を探《さが》し出《だ》すためなのです。その主人《しゅじん》とは誰《だれ》かというと、男性《だんせい》なのです。また、男性《だんせい》はどうして妻《つま》をもらおうとするのかというと、自分《じぶん》の主人《しゅじん》を探《さが》し出《だ》すためなのです。互《たが》いに入《い》れ替《か》わらなければ、主人《しゅじん》を探《さが》し出《だ》すことができないので、愛《あい》というものを中心《ちゅうしん》として、必《かなら》ず男性《だんせい》と女性《じょせい》は一《ひと》つにならなければならないということです。（一九八六・四・八）

2　統一教会《とういつきょうかい》の真《まこと》の結婚観《けっこんかん》

堕落《だらく》した世界《せかい》において、愛《あい》というものは危険《きけん》なものです。エデンの園《その》では、アダムとエバしかいませんでした。女性《じょせい》は、エバしかいなかったのです。しかし、この堕落《だらく》した世界《せかい》には、いくらでも女性《じょせい》がいるのです。その女性《じょせい》たちがみな、昼夜《ちゅうや》の別《べつ》なく男性《だんせい》たちを誘《さそ》い出《だ》そうとして大騒《おおさわ》ぎしているのです。ですから、男性《だんせい》たちは、自分《じぶん》の立場《たちば》を守《まも》っていくのがどれほど大変《たいへん》でしょうか。また、それは、女性《じょせい》たちも同《おな》じなのです。

それゆえ、結婚《けっこん》すれば男性《だんせい》は、他《た》の女性《じょせい》と会《あ》うべきではないのです。では、他《た》の女性《じょせい》たちに、どのように対《たい》すべきなのでしょうか。キャンキャン騒《さわ》ぐ隣《となり》の犬《いぬ》のように対《たい》しなさいというのです。そのように思《おも》っても、誰《だれ》も何《なに》も言《い》いません。言《い》いさえしなければいいのです。また、女性《じょせい》たちは、自分《じぶん》の夫以外《おっといがい》の男性《だんせい》たちを、何《なん》だと思《おも》えばいいのでしょうか。隣《となり》の犬《いぬ》です。

ですから、結婚《けっこん》したのちは、必《かなら》ず二人《ふたり》がくっついていなければならないのです。堕落《だらく》とは、管理《かんり》を誤《あやま》ったことなのです。また、自分《じぶん》だけを絶対視《ぜったいし》させるように、そのように近《ちか》い愛《あい》で愛《あい》せなかったのです。（一九八六・三・二一）

3　結婚《けっこん》と結婚《けっこん》の適齢期《てきれいき》

結婚《けっこん》は、早《はや》くすることもできます。しかし、早《はや》く結婚《けっこん》すれば、支障《ししょう》も多《おお》いのです。それは、まだ皆《みな》さんには分《わ》からないことです。お嫁《よめ》さんをもらえば、いくら「勉強《べんきょう》する」と決心《けっしん》しても、勉強《べんきょう》ができないというのです。もし高等学校《こうとうがっこう》を卒業《そつぎょう》して、すぐにお嫁《よめ》さんをもらえば、大学《だいがく》の勉強《べんきょう》をしようとしても、勉強《べんきょう》ができないというのです。「私《わたし》は大学《だいがく》を卒業《そつぎょう》して、大学院《だいがくいん》に行《い》って、さらに博士《はくし》コースを行《い》かなければならない」という考《かんが》えをもっていても、博士《はくし》コースに行《ゆ》くのは本当《ほんとう》に大変《たいへん》なのです。博士《はくし》コースを勉強《べんきょう》したのちにお嫁《よめ》さんをもらうよりも、お嫁《よめ》さんをもらってから博士《はくし》コースに行《ゆ》くことは、おそらく四、五倍《ばい》は大変《たいへん》でしょう。それは何《なん》のことかというと、博士《はくし》コースを勉強《べんきょう》する前《まえ》に結婚《けっこん》すれば、博士《はくし》ということとは永遠《えいえん》に関係《かんけい》がなくなってしまうということなのです。ですから、結婚《けっこん》というのは、すべてのことの実《みの》りなのです。

また、結婚後《けっこんご》に、勉強《べんきょう》しなければならないからといって、妻《つま》をほっておけば、副作用《ふくさよう》が大《おお》きいのです。妻《つま》がじっとしていないのです。ひたすら、「愛《あい》するあなた、私《わたし》は博士《はくし》など必要《ひつよう》ありません。早《はや》く帰《かえ》ってきてください」と言《い》うのです。また、そこに赤《あか》ちゃんでも生《う》まれるようになると、ますます複雑《ふくざつ》になるのです。男性《だんせい》たちがそのような考《かんが》えをもつのは、責任感《せきにんかん》がないからです。いい加減《かげん》な男性《だんせい》が、そんな考《かんが》えをするのです。

いったん結婚《けっこん》すれば、きちんと責任《せきにん》をもたなければなりません。妻《つま》に対《たい》して一生《いっしょう》の間《あいだ》、責任《せきにん》をもたなければならないのです。さらに、赤《あか》ちゃんが生《う》まれれば、赤《あか》ちゃんに対《たい》しても責任《せきにん》をもたなければなりません。そのような責任感《せきにんかん》が必要《ひつよう》なのです。それは、誰《だれ》かが同調《どうちょう》することはできないし、誰《だれ》かに協助《きょうじょ》を受《う》けることもできないのです。結婚《けっこん》して、誰《だれ》に同調《どうちょう》してもらうことができますか。誰《だれ》に協助《きょうじょ》を受《う》けることができますか。二人《ふたり》がお互《たが》いに共同責任《きょうどうせきにん》を負《お》わなければならないのです。そのようになれば、その中《なか》に何《なに》かの付属物《ふぞくぶつ》が入《はい》ってくることを嫌《いや》がるのです。勉強《べんきょう》も嫌《いや》になるのです。ですから、結婚《けっこん》する前《まえ》に、すべてのことを成《な》しておかなければなりません。

高等学校《こうとうがっこう》を卒業《そつぎょう》すると何歳《なんさい》になりますか。十九歳《さい》で結婚《けっこん》してみなさい。そんな人《ひと》は、どの職場《しょくば》に行《い》っても受《う》け入《い》れてくれないのです。十九歳《さい》から赤《あか》ちゃんを生《う》むようになれば、どんなにたくさん赤《あか》ちゃんを生《う》むようになることでしょうか。今《いま》の韓国《かんこく》の実情《じつじょう》から見《み》た時《とき》に、高等学校《こうとうがっこう》を出《で》てすぐに結婚《けっこん》したといえば、世間《せけん》では良《よ》い人《ひと》としてみなすでしょうか、ふつつか者《もの》だとみなすでしょうか。それは間違《まちが》いなく、「恋愛結婚《れんあいけっこん》をしたのに違《ちが》いない」と見《み》るのです。そのようになれば、どこに行《い》っても就職《しゅうしょく》の道《みち》がふさがってしまうのです。

結婚《けっこん》できる原理的《げんりてき》な資格《しかく》は、二十一歳《さい》を超《こ》えなければなりません。女性《じょせい》は、十八歳《さい》以上《いじょう》は可能《かのう》だけれど、男性《だんせい》は二十一歳《さい》を超《こ》えなければならないのです。ですから、お嫁《よめ》さんをもらうという考《かんが》えは、初《はじ》めからやめて、自分《じぶん》が何《なに》を成《な》すべきかということを定《さだ》めて、死《し》ぬほど努力《どりょく》をして、十年《ねん》かかることも五年《ねん》の間《あいだ》にやってしまうのです。博士《はくし》コースに行《ゆ》こうとすれば、大学《だいがく》を二十一歳《さい》に出《で》たならば、二十五歳《さい》から二十八歳《さい》までは努力《どりょく》しなければなりません。他《た》の人々《ひとびと》が二十八歳《さい》までかかることを、約《やく》二年《ねん》の間《あいだ》にやってしまいなさいというのです。二十四時間《じかん》、勉強《べんきょう》すればできるのです。方法《ほうほう》は、それしかありません。

ですから、皆《みな》さんが早《はや》く結婚《けっこん》したければ、今《いま》から熱心《ねっしん》に勉強《べんきょう》しなければなりません。中《ちゅう》・高等学校《こうとうがっこう》を卒業《そつぎょう》することも、六年間《ねんかん》かけるのではなく、検定考査《けんていこうさ》にパスして、二年《ねん》間《かん》でやってしまうのです。次《つぎ》に、大学《だいがく》コースもそのようにするのです。大学《だいがく》コースも国《こっ》家試験《かしけん》にパスするようになれば、約《やく》二年《ねん》で卒業《そつぎょう》できるのです。その次《つぎ》に、博士《はくし》コースがあるのです。

自分《じぶん》で研究《けんきゅう》すれば、博士学位《はくしがくい》も取《と》ることができるのです。このように勉強《べんきょう》して努力《どりょく》すれば、時間《じかん》も短縮《たんしゅく》できて、すべてのことも解決《かいけつ》できます。学校《がっこう》に通《かよ》う時《とき》に、遊《あそ》んだりしていては、中《ちゅう》・高等学校《こうとうがっこう》で六年《ねん》、大学《だいがく》で四年《ねん》、その次《つぎ》に大学院《だいがくいん》で二年《ねん》、博士《はくし》コースで二年半《ねんはん》ないし三年《ねん》かかり、失敗《しっぱい》すれば五年《ねん》もかかるというのであれば、三十歳過《さいす》ぎても駄目《だめ》なのです。そういう人《ひと》は、三十歳《さい》を過《す》ぎても結婚《けっこん》できないのです。「私《わたし》は目的《もくてき》を達成《たっせい》するまでは、結婚《けっこん》しません」と言《い》って、男《おとこ》たちは決意《けつい》しなければなりません。（一九七八・一〇・九）

4　責任分担《せきにんぶんたん》と理想相対《りそうそうたい》

皆《みな》さんは、責任分担《せきにんぶんたん》が重要《じゅうよう》なことを知《し》らなければなりません。神様《かみさま》がアダムに対《たい》して、責任分担《せきにんぶんたん》の重要性《じゅうようせい》を先生《せんせい》のように説明《せつめい》してくださったならば、アダムは堕落《だらく》しなかったことでしょう。「こいつ。取《と》って食《た》べてはならない。責任分担《せきにんぶんたん》だ、責任分担《せきにんぶんたん》だ!」と、夜《よる》も昼《ひる》も、責任分担《せきにんぶんたん》の大切《たいせつ》さを叫《さけ》んだならば、堕落《だらく》しなかったことでしょう。（一九八四・七・一〇）

人《ひと》は、春夏秋冬《しゅんかしゅうとう》と季節《きせつ》が異《こと》なるように、みな違《ちが》うのです。ですから、生《う》まれる時《とき》、夏《なつ》の季節《きせつ》に生《う》まれた人《ひと》もいるし、秋《あき》の季節《きせつ》に生《う》まれた人《ひと》もいるし、冬《ふゆ》の季節《きせつ》に生《う》まれた人《ひと》もいるし、春《はる》の季節《きせつ》に生《う》まれた人《ひと》もいるのです。春《はる》の季節《きせつ》に生《う》まれた人《ひと》は、夏《なつ》を通《とお》らなければいけないし、冬《ふゆ》に生《う》まれた人《ひと》は、春《はる》についていかなければならないのです。行《い》く方向《ほうこう》が違《ちが》うのです。地球《ちきゅう》が回《まわ》るので、行《い》くべき方向《ほうこう》が違《ちが》ってくるのです。

ある人《ひと》は上《のぼ》っていく運勢《うんせい》を行《い》かなければならず、ある人《ひと》は下《お》りていく運勢《うんせい》を行《い》かなければならないのです。ところが、下《お》りていく運勢《うんせい》の人《ひと》が、下《お》りていく人《ひと》と出会《であ》えば、二人《ふたり》ともめちゃくちゃになるのです。交通事故《こうつうじこ》が起《お》きて、二人《ふたり》とも死《し》ぬようなことが起《お》こるのです。ですから、下《お》りていく運勢《うんせい》の男性《だんせい》であれば、苦労《くろう》しないで上《のぼ》っていける運勢《うんせい》をもった女性《じょせい》をもらわなければなりません。

そのように、出会《であ》わなければならないのです。しかし、初《はじ》めは合《あ》わないので、約《やく》三年《ねん》、四年《ねん》かけて合《あ》わせなければならないのです。三年《ねん》、四年《ねん》の間《あいだ》に春夏秋《しゅんかしゅうとう》冬が入《い》れ替《か》わるのです。（先生《せんせい》が黒板《こくばん》を使《つか》って説明《せつめい》される）これ（A）が春《はる》から、これ（B）が秋《あき》の季節《きせつ》から出発《しゅっぱつ》したのならば、これは（AかB）早《はや》くついて回《まわ》らなければならないのです。ですから、二人《ふたり》のうち誰《だれ》か一人《ひとり》は、ついていって合《あ》わせなければならないのです。どちらかが合《あ》わせなくてはならないのです。

皆《みな》さんは、自分《じぶん》の生《う》まれた天性《てんせい》が何《なん》の季節《きせつ》に符合《ふごう》しているか分《わ》かりますか。下《お》りていく季節《きせつ》なのか、上《のぼ》っていく季節《きせつ》なのか。それでなければ、横切《よこぎ》っていく季節《きせつ》なのか、相対型《そうたいがた》なのか、反対型《はんたいがた》なのか。これがすべて違《ちが》うのです。それを初《はじ》めに合《あ》わせて、行《い》かなければならないのです。三年《ねん》の間《あいだ》は、合《あ》わせなければなりません。そのような運命《うんめい》の道《みち》を開拓《かいたく》しなければならない道《みち》が残《のこ》っているのです。皆《みな》さんが結婚《けっこん》したからといって、それで済《す》むことではないのです。(一九八二・一〇・二〇)

本当《ほんとう》に結婚《けっこん》が問題《もんだい》です。結婚《けっこん》を正《ただ》しくしないといけないのです。道端《みちばた》で会《あ》った人《ひと》が、よく見《み》えるからといって結婚《けっこん》すれば、長《なが》くは続《つづ》かないのです。皆《みな》さんの目《め》は、すべて夏《なつ》なので、青《あお》く見《み》えるのです。青《あお》い木《き》があり、美《うつく》しい実《み》があって、からすやかささぎが飛《と》び回《まわ》っているので、よく見《み》えるのです。誰《だれ》も、その木《き》が何《なん》の木《き》なのか知《し》らないのに、接《つ》ぎ木《き》してはいけないのです。そのように接《つ》ぎ木《き》すれば、おしまいなのです。木《き》は、同《おな》じ木同士《きどうし》で接《つ》ぎ木《き》しなければなりません。分科《ぶんか》の境 界線《きょうかいせん》があるのです。(一九八二・一〇・

（二〇）

5　理想相対《りそうそうたい》に会《あ》う前《まえ》の責任《せきにん》

理想相対《りそうそうたい》というのは、後日《ごじつ》のことです。まず、自分《じぶん》がどのようにすれば早《はや》く完成《かんせい》するのか、ということが問題《もんだい》なのです。自分《じぶん》が完全《かんぜん》な主体《しゅたい》となるのか、完全《かんぜん》なる相対《そうたい》となるのかという決定《けってい》をしなければ、完全《かんぜん》な理想相対《りそうそうたい》は生《う》まれてきません。ですから、先決問題《せんけつもんだい》は、自分自身《じぶんじしん》が完成《かんせい》するということです。

皆《みな》さんが思春期《ししゅんき》になれば、異性《いせい》を愛《あい》そうとするのですが、それより先《さき》に、父母《ふぼ》をもっと愛《あい》したという条件《じょうけん》を立《た》てなければなりません。「孝行息子《こうこうむすこ》、孝行娘《こうこうむすめ》よ」と言《い》われるようになれば、神様《かみさま》の愛《あい》と関係《かんけい》を結《むす》べるようになるのです。これが、原理原則《げんりげんそく》です。創造《そうぞう》の原則《げんそく》なのです。

理想相対《りそうそうたい》を考《かんが》える前《まえ》に、まず自分自《じぶんみずか》らが父母《ふぼ》の前《まえ》に孝行者《こうこうもの》とならなければなりません。父母《ふぼ》が孝子《こうし》として公認《こうにん》できる愛《あい》の因縁《いんねん》をもたなければならないのです。そのためには、

まず孝行者となる

宇宙主管を願う前に
自己主管を完成せよ

父《ふ》母《ぼ》と一《ひと》つにならなければなりません。孝行《こうこう》をしようとすれば、兄弟同士《きょうだいどうし》が一《ひと》つにならなければなりません。家庭《かてい》において、誰《だれ》もが「本当《ほんとう》に模範《もはん》だ」という話《はなし》が出《で》てこなければなりません。それが終《お》わったのちに、理《り》想相対《そうそうたい》が始《はじ》まるのです。（一九七八・一〇・九）

6　相対《そうたい》を得《え》る前《まえ》に自己主管《じこしゅかん》を完成《かんせい》すること

先生《せんせい》が今《いま》までこの道《みち》を歩《あゆ》んでくる中《なか》で、先生自身《せんせいじしん》の標語《ひょうご》は何《なん》であったかというと、最初《さいしょ》の標語《ひょうご》が「宇宙主管《うちゅうしゅかん》を願《ねが》う前《まえ》に、自己主管《じこしゅかん》を完成《かんせい》せよ」ということです。相対主管《そうたいしゅかん》完成《かんせい》ではありません。愛《あい》において、欲望《よくぼう》ということは大《おお》きな問題《もんだい》なのです。自分《じぶん》を中心《ちゅうしん》とする欲望《よくぼう》が大《おお》きく、自分《じぶん》を立《た》てようとする欲望《よくぼう》が大《おお》きく、自分《じぶん》を中心《ちゅうしん》として外的世界《がいてきせかい》を支配《しはい》しようとしますが、自分《じぶん》を主管《しゅかん》することがもっと難《むずか》しいのです。ですから、宇宙《うちゅう》主管《しゅかん》を願《ねが》う前《まえ》に自己主管《じこしゅかん》を完成《かんせい》することです。これが幼《おさな》い時《とき》から今日《こんにち》まで、先生《せんせい》の立《た》てきた標語《ひょうご》だったのです。

それでは、自己主管《じこしゅかん》を完成《かんせい》する自信《じしん》がありますか。どんなに自信《じしん》があるといっても、男性《だんせい》の前《まえ》に一番恐《ばんおそ》ろしい破壊分子《はかいぶんし》は、女性《じょせい》なのです。女性《じょせい》の前《まえ》には、破壊分子《はかいぶんし》は、誰《だれ》ですか。(男性《だんせい》です)。

皆《みな》さんも、十五、十六歳《さい》になれば、男性《だんせい》が訪《たず》ねてくることは嫌《いや》ではないでしょう?

男性《だんせい》に対《たい》する関心《かんしん》がしょっちゅう起《お》こってくるでしょう？（違《ちが》います）。それは、うそです。「違《ちが》う」と言《い》っても、一年生《ねんせい》の時《とき》はそうだけれど、二年生《ねんせい》になり、三年生《ねんせい》になり、高等学校《こうとうがっこう》の一年生《ねんせい》になり、二年生《ねんせい》になり、三年生《ねんせい》になると、そうなるのです。皆《みな》さんが「違《ちが》います」と言《い》っても、それはうそです。

それでは、女性《じょせい》の皆《みな》さんに一《ひと》つ尋《たず》ねてみましょう。男性《だんせい》に見《み》られると、変《へん》に恥《は》ずかしくなって胸《むね》がドキドキするでしょう？　それはどういうことかというと、男性《だんせい》に関心《かんしん》をもっているということなのです。関心《かんしん》をもっていなければ、どうして顔《かお》が赤《あか》くなるのでしょうか。

自己主管完成《じこしゅかんかんせい》において、一番難《ばんむずか》しいことは、寝《ね》ないこと、おなかのすくこと、そして愛《あい》なのです。その中《なか》でも、一番大変《ばんたいへん》なのが愛《あい》なのです。御飯《ごはん》を食《た》べることも我慢《がまん》できるし、寝《ね》ることも我慢《がまん》できますが、愛《あい》に対《たい》する問題《もんだい》は、我慢《がまん》することが難《むずか》しいのです。

ですから、東洋思想《とうようしそう》では、「男女《だんじょ》、七歳《さい》にして席《せき》を同《おな》じくせず」という言葉《ことば》が残《のこ》っているのです。愛《あい》が一番危険《ばんきけん》なのです。ダイナマイトと同《おな》じです。お互《たが》いに好《す》きになれば、火《ひ》がついてパチパチと燃《も》え上《あ》がって爆発《ばくはつ》してしまい、体《からだ》がずたずたになって飛《と》んでいき、首《くび》が取《と》れてしまうのです。極《きわ》めて危険《きけん》なことです。（一九七八・一〇・九）

理想相対《りそうそうたい》ということは、今《いま》の自分《じぶん》には遠《とお》いものであるということを知《し》って、早《はや》く自分《じぶん》自身《じしん》の完成《かんせい》をしなければなりません。娘《むすめ》さんたち、十七、十八、十九歳《さい》になれば、もう体《からだ》も大《おお》きくなったので、美男子《びだんし》と二人《ふたり》、綱《つな》でぎゅうぎゅうに縛《しば》りつけられて、一《ひと》つの部屋《へや》に入《い》れられたとしても、背中《せなか》で氷《こおり》が凍《こお》るようでなければなりません。男性《だんせい》が、氷《こおり》のように冷《つめ》たく感《かん》じて、「ああ、嫌《いや》だ！」と言《い》うようにならなければなりません。「ああ、熱《あつ》い電気《でんき》が通《とお》る！」と言《い》っては駄目《だめ》なのです。「ああ、どうしてこんなに冷《つめ》たいのか。まるで氷《こおり》みたいだなあ！　これは何《なん》だ！」と言《い》うようになってこそ、完成《かんせい》したエバ、あるいは完成《かんせい》したアダムという公認《こうにん》を受《う》けることができるのです。これは大変《たいへん》なことなのです。そのようにして、堕落線《だらくせん》から解放《かいほう》され、理想相対《りそうそうたい》を得《え》ることができるのです。原理《げんり》がそうなっているのです。

それゆえ、この道《みち》を行《い》くようになると、そんなことが多《おお》くなるのです。先生《せんせい》も、たくさんそんな経験《けいけん》をしたのです。たくさんの女性《じょせい》たちが霊的《れいてき》に誘惑《ゆうわく》してきたのです。それも絶世《ぜっせい》の美人《びじん》たちです。そんなことがあるのです。必《かなら》ずあるのです。

それでは、皆《みな》さんが完成《かんせい》したのか、完成《かんせい》できなかったのかは、何《なに》によって知《し》ることができるのでしょうか。いくら、体格《たいかく》のいい美男子《びだんし》がいても、無関心《むかんしん》でなくてはなりません。また、いくらすてきな美人《びじん》がいても、無関心《むかんしん》でなくてはなりません。「無関心《むかんしん》でないと駄目《だめ》だ！」。こうしてそれらをパスして、次《つぎ》に、「お前《まえ》は、もうこれだけ勝利《しょうり》すれば、理想相対《りそうそうたい》に対《たい》して考《かんが》えなさい」と言《い》われれば、その時《とき》には目《め》をぱっちりと開《あ》けて、しっかりとした精神《せいしん》をもたなければなりません。（一九七八・一〇・九）

7　人《ひと》を見《み》る法《ほう》

神様《かみさま》は人《ひと》を見《み》る時《とき》に、まず心《こころ》を見透《みす》かして、その次《つぎ》に過去《かこ》を見《み》て、さらには現在《げんざい》を土《ど》台《だい》にして未来《みらい》を見《み》るのです。若《わか》い皆《みな》さんは、これからそんな面《めん》を重要視《じゅうようし》しなければなりません。人《ひと》を見《み》る時《とき》、顔《かお》を見《み》て選《えら》ぶのではなく、その人《ひと》の心《こころ》がどうなのか、その人《ひと》の過去《かこ》と現在《げんざい》の生活《せいかつ》を中心《ちゅうしん》として未来《みらい》はどうなのか、というような面《めん》を見《み》て、人《ひと》を選《えら》ぶすべを知《し》らなければなりません。

顔《かお》は、窓《まど》と同《おな》じなのです。顔《かお》を見《み》ると、何種類《なんしゅるい》に見《み》えるかというと、四種類《しゅるい》です。ですから、顔《かお》は不細工《ぶさいく》でも品行《ひんこう》を端正《たんせい》にして、厚徳《こうとく》な心《こころ》をもたなければなりません。神様《かみさま》は、世界《せかい》をすべてひっくり返《かえ》して人《ひと》を探《さが》すとすれば、どんな人《ひと》を探《さが》そうとされるかというと、世界《せかい》のように大《おお》きな人《ひと》です。目《め》が世界《せかい》のように大《おお》きく、手《て》が世界《せかい》のように大《おお》きけ

端正な品行

厚徳な心

れば、どこに行《い》っても歓迎《かんげい》されるのです。心《こころ》を大《おお》きくもてば、調和《ちょうわ》がとれるのです。ですから、顔《かお》よりも心《こころ》を中心《ちゅうしん》として、徳望《とくぼう》の高《たか》い心《こころ》を備《そな》えて生《い》きるべきです。

それでは皆《みな》さんは、未来《みらい》に顔《かお》のきれいな妻《つま》を迎《むか》えますか、心《こころ》の清《きよ》い妻《つま》を迎《むか》えますか。（心《こころ》の清《きよ》い人《ひと》です）。女《おんな》の子《こ》たちは、すてきで体格《たいかく》のいい美男子《びだんし》をもらうのでしょうか、心《こころ》の清《きよ》い普通《ふつう》の男性《だんせい》をもらうのでしょうか。心《こころ》も清《きよ》く、体格《たいかく》も良《よ》ければ一番《ばん》いいのですが、二《ふた》つとも良《よ》いわけにはいかないのです。そんな人《ひと》は、途中《とちゅう》で壊《こわ》れてしまうのです。太陽《たいよう》の出《で》ていない薄暗《うすぐら》い日《ひ》に風船《ふうせん》を浮《う》かせれば、よく上《あ》がっていくのですが、太陽《たいよう》の出《で》た日《ひ》に風船《ふうせん》を浮《う》かせると、風船《ふうせん》は割《わ》れてしまうのです。

心《こころ》が清《きよ》くて、その次《つぎ》に顔立《かおだ》ちが良《よ》ければどうなるかというと、パンと割《わ》れてしまうのです。それゆえ、心《こころ》の清《きよ》い人《ひと》は、顔立《かおだ》ちが崩《くず》れているのです。醜《みにく》くなくてはならないのです。心《こころ》の清《きよ》い人《ひと》は、少《すこ》し崩《くず》れたところがあってこそ、太陽《たいよう》が出《で》てきても壊《こわ》れないのです。太陽《たいよう》が出《で》ると、空気《くうき》が膨張《ぼうちょう》してくるのと同《おな》じです。女《おんな》の子《こ》たち、何《なん》の話《はなし》か分《わ》かりますか。人《ひと》をそのように見《み》るすべを知《し》らなければなりません。

ですから、顔《かお》がきれいで、毎日《まいにち》のように服《ふく》を着替《きが》えて歩《ある》き回《まわ》っている人《ひと》を見《み》るべきではありません。心《こころ》を見《み》るべきです。そんな人《ひと》は、トラブルばかり起《お》こして、どこに行《い》っても自分《じぶん》を先立《さきだ》てようとするのです。ですから、良《よ》い服《ふく》を着《き》て歩《ある》き回《まわ》って、靴《くつ》を自慢《じまん》したりして、「私《わたし》はきのう、誰《だれ》それとどこに行《い》ってきたが、おもしろかった」と言《い》いながら、学校《がっこう》の規則《きそく》は二の次《つぎ》にして、「私《わたし》がよければいいでしょう。卒業《そつぎょう》すれば、それまでじゃない」と言《い》う人《ひと》たちはみな、流《なが》れてしまうのです。そんなことを中心《ちゅうしん》として、皆《みな》さんは、人《ひと》を評価《ひょうか》するすべを知《し》らなければなりません。

それゆえ、顔立《かおだ》ちだけを見《み》てはいけません。男性《だんせい》たちは、「格好《かっこう》がいい」と思《おも》ったならば、八〇パーセントが危険分子《きけんぶんし》なのです。そうだからといって、顔立《かおだ》ちがいい人《ひと》たちは、「私《わたし》は顔立《かおだ》ちがいいとうわさが立《た》ったから」と言《い》って、かみそりで顔《かお》を切《き》るのではありません。女性《じょせい》たち、格好《かっこう》のいい男性《だんせい》で信仰生活《しんこうせいかつ》を正《ただ》しくする人《ひと》はいません。神様《かみさま》の前《まえ》に忠臣《ちゅうしん》となる人《ひと》はいないのです。

ですから、そういうことをすべて評価《ひょうか》して、心《こころ》の姿勢《しせい》がどうなのかということを、まず知《し》るべきです。女性《じょせい》を調《しら》べようとすれば、その友達《ともだち》を見《み》て、友達《ともだち》の話《はなし》、友達《ともだち》の生活全体《せいかつぜんたい》を見《み》て、「ああ、そういう種類《しゅるい》の女性《じょせい》なのか」と評価《ひょうか》するのです。

その次《つぎ》に、話《はな》す時《とき》はどうなのかということです。特《とく》に学校《がっこう》に行《い》って、友達《ともだち》とどんな態度《たいど》で話《はなし》をするのか、どんな表情《ひょうじょう》で話《はなし》をするのか見《み》るのです。また、運動《うんどう》をする時《とき》には、活発《かっぱつ》でなければなりません。そんなことをすべて見《み》なければなりません。まず心《こころ》を見《み》るべきです。

ですから、ずるくて邪悪《じゃあく》な女性《じょせい》たちに、男性《だんせい》たちは注意《ちゅうい》しなさい！　エデンの園《その》でも、男性《だんせい》が誤《あやま》って堕落《だらく》したのです。皆《みな》さんと同《おな》じ年齢《ねんれい》の十六歳《さい》にです。女性《じょせい》たちが男性《だんせい》を見《み》て、いろいろ言《い》って冷《ひ》やかしたりもするでしょう？　それでも、知《し》らないふりをしていなさい。

イエス様《さま》が「磐石《ばんせき》（岩《いわ》）だ」と言《い》ったのは、そういうことなのです。この世《よ》の人々《ひとびと》が何《なん》と言《い》っても、黙々《もくもく》と自分《じぶん》の道《みち》を行《い》くべきなのです。自分《じぶん》の定《さだ》めた道《みち》を行《い》こうとすれば、磐石《ばんせき》のように行《い》かなければならないのです。それが男性《だんせい》の道《みち》なのです。そのように、皆《みな》さんは、人々《ひとびと》を見《み》るすべを知《し》らなければならないのです。スマートなずるい人々《ひとびと》は、八〇パーセントが流《なが》れていってしまうのです。その人《ひと》たちが、「これから結婚《けっこん》して、息子《むすこ》、娘《むすめ》を生《う》むのだ」と言《い》ってきたとしても、期待《きたい》をもつことはできません。言葉《ことば》なく未来《みらい》に向《む》かって生《い》きて、一言《ひとこと》を言《い》うにしても、意図《いと》のあることを言《い》い、友達《ともだち》に対《たい》しても、大義《たいぎ》のために自分《じぶん》を犠牲《ぎせい》にできる人《ひと》でなければなりません。

教室《きょうしつ》で清掃《せいそう》などをするのを見《み》れば、一遍《いっぺん》に分《わ》かるのです。清掃時間《せいそうじかん》になれば、ほうきを持《も》たないように、しり込《ご》みをして歩《ある》き回《まわ》り、自分《じぶん》は雑巾《ぞうきん》を持《も》たないようにして、「あなたがしなさい」と言《い》いながら、他《た》の人《ひと》にさせようとする人《ひと》がいるのです。さっと見《み》れば、すぐに分《わ》かるのです。教室《きょうしつ》は、自分《じぶん》の服《ふく》と同《おな》じなのです。学校《がっこう》を掃除《そうじ》することを、自分《じぶん》の仕事《しごと》のように考《かんが》えなくてはなりません。

その次《つぎ》に、道《みち》を歩《ある》く姿《すがた》を見《み》れば、よく分《わ》かります。先生《せんせい》は、その女性《じょせい》が歩《ある》く姿《すがた》を見《み》れば、すぐにどんな人《ひと》なのかが分《わ》かるのです。あの女性《じょせい》は、男性《だんせい》を何人《なんにん》も経《へ》ていくようになるとか、すぐに分《わ》かるのです。それゆえ、皆《みな》さんは、そのことをよく知《し》って、心《こころ》の姿《し》勢《せい》を正《ただ》して、精誠《せいせい》を尽《つ》くすことにより、過去《かこ》の歴史《れきし》が悪《わる》くても、現在《げんざい》の環境《かんきょう》が悪《わる》くても、どのようにも調整《ちょうせい》できるし、克服《こくふく》できるのです。ですから、教育《きょういく》が必要《ひつよう》であり、師《し》が必要《ひつよう》なのです。先生《せんせい》が「こうしなさい」と言《い》う時《とき》、「はい。そうします」と言《い》って実践《じっせん》すれば、どんな運命《うんめい》の道《みち》も調整《ちょうせい》できるのです。素晴《すば》らしい先生《せんせい》や、素晴《すば》らしい友達《ともだち》と交《まじ》われば、運命《うんめい》の道《みち》を調整《ちょうせい》できるのです。

人《ひと》は誰《だれ》でも、歴史《れきし》が違《ちが》うのです。北《きた》から南《みなみ》に流《なが》れていく歴史《れきし》をもつ人《ひと》もいるし、南《みなみ》から北《きた》へ、または東西南北《とうざいなんぼく》、三六〇度《ど》それぞれの方向《ほうこう》をもって、各人各様《かくじんかくよう》の背後《はいご》の歴史《れきし》を残《のこ》していくのです。(一九七八・一〇・八)

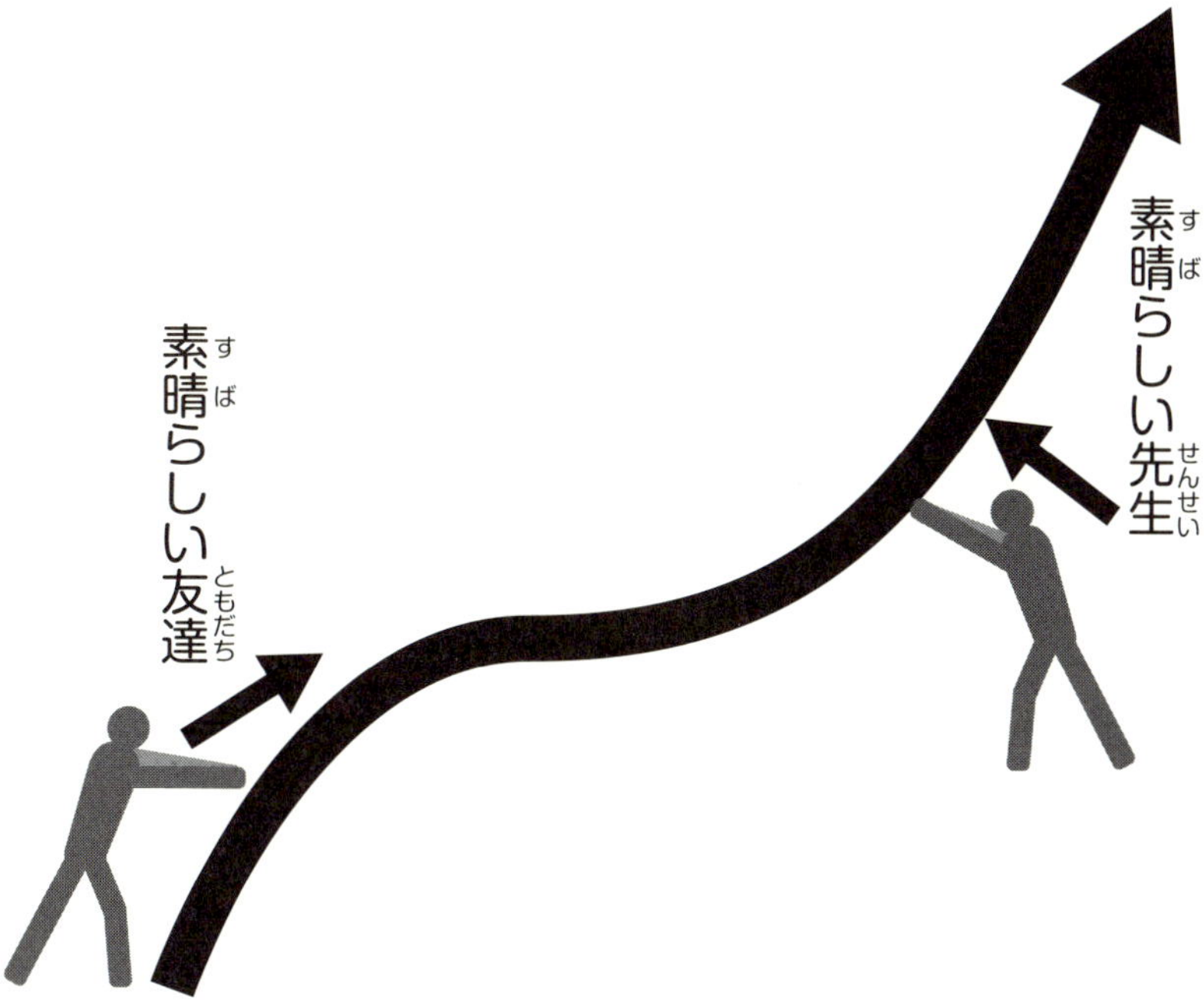

さあ、それでは皆《みな》さんは、どんな人《ひと》と結婚《けっこん》しますか。天地《てんち》を一《ひと》つにつくるため、公平《こうへい》で義理堅《ぎりがた》い心《こころ》と、愛《あい》の心《こころ》と、知恵《ちえ》の心《こころ》をもつ人格者《じんかくしゃ》であれば、「その人《ひと》の目《め》に障害《しょうがい》があってもよい」と言《い》わなければならないのです。義眼《ぎがん》でもいいのです。義足《ぎそく》でもいいのです。

将来《しょうらい》を見通《みとお》して、千年《ねん》、万年《まんねん》を望《のぞ》むことのできる、そんな余裕《よゆう》のある性稟《せいひん》をもって生《い》きなければなりません。皆《みな》さんのような思春期《ししゅんき》に、そんな心《こころ》をもち、女性《じょせい》たちは、男性《だんせい》たちをみな観察《かんさつ》するすべを知《し》らなくてはなりません。このような観点《かんてん》から異性《いせい》を見《み》れば、あの女性《じょせい》はパスできる人《ひと》か、できない人《ひと》か、すべて知《し》ることができるし、男性《だんせい》もパスできる人《ひと》かどうかを、知《し》ることができるのです。(一九七八・一〇・九)

第三節《だいせつ》　結婚《けっこん》と人生《じんせい》

1　真《まこと》の結婚観《けっこんかん》と家庭観《かていかん》

結婚《けっこん》は、なぜするのでしょうか。少《すこ》し結婚観《けっこんかん》について話《はなし》をしましょう。人間《にんげん》は、なぜ生《う》まれたのか分《わ》かりましたか。神様《かみさま》の愛《あい》のみ旨《むね》を成《な》すために生《う》まれたのです。では、結婚《けっこん》はどうしてするのかというと、神様《かみさま》の愛《あい》のみ旨《むね》を成《な》し遂《と》げるために、神様《かみさま》の願《ねが》いであり、アダムとエバの願《ねが》いである息子《むすこ》、娘《むすめ》を生《う》んで、四位基台《よんいきだい》の基準《きじゅん》をつくり、球形《きゅうけい》になって、家庭《かてい》の基礎《きそ》をつかむためです。家庭《かてい》に息子《むすこ》、娘《むすめ》がいなければ、夫婦同士《ふうふどうし》だけでも横的《おうてき》な基準《きじゅん》は立《た》つのですが、縦的基準《じゅうてききじゅん》は立《た》てることができないのです。

ですから、結婚《けっこん》したすべての夫婦《ふうふ》は、息子《むすこ》、娘《むすめ》を願《ねが》うのです。それはなぜかといえば、天理《てんり》の運行法度《うんこうはっと》の力《ちから》が、そこに作用《さよう》するからです。お嫁《よめ》に行《ゆ》くと、大変《たいへん》なのに、どうして赤《あか》ちゃんを生《う》むことを望《のぞ》むのですか。どうして、そんなに苦労《くろう》してでも生《う》まなければ

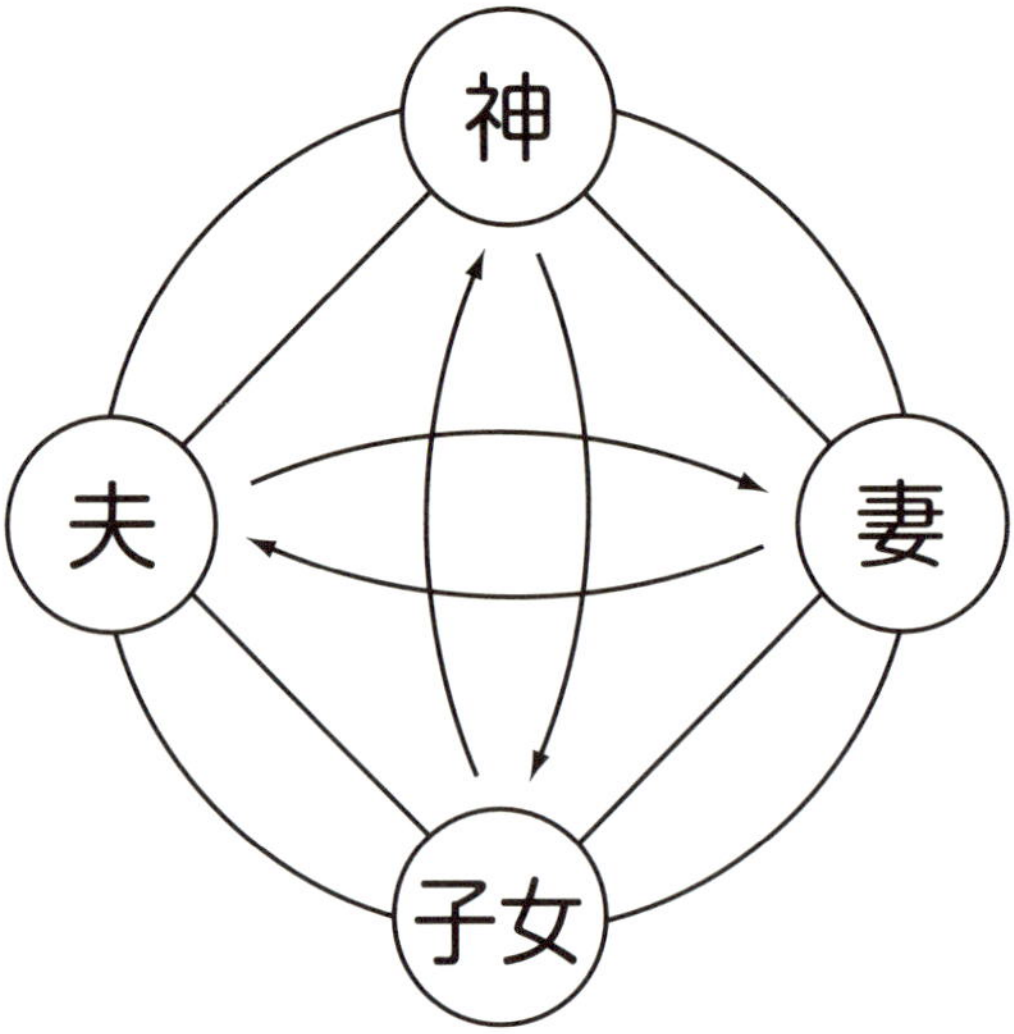

ならないのでしょうか。自分《じぶん》の命《いのち》を犠牲《ぎせい》にしても夫《おっと》を愛《あい》さなければならず、自分《じぶん》の命《いのち》を犠《ぎ》牲《せい》にしても息子《むすこ》、娘《むすめ》をどうして愛《あい》さなければならないのか、ということが分《わ》からなかったのです。

それは、宇宙《うちゅう》の中心《ちゅうしん》となる神様《かみさま》の愛《あい》に接《せっ》するためであり、神様《かみさま》の愛《あい》に接《せっ》することによって、万事《ばんじ》に勝利《しょうり》し、万事《ばんじ》を意《い》のままにするために、そうだということを知《し》らなければなりません。それは、皆《みな》さんによってつくられたのではなく、皆《みな》さんが願《ねが》ったことでもないのです。神様《かみさま》の創造《そうぞう》の原則《げんそく》がプログラムとして、そうなっていたからです。

それゆえ、そこには何《なん》の愛《あい》があるかという

と、父母《ふぼ》の愛《あい》があり、夫婦《ふうふ》の愛《あい》があり、子女《しじょ》の愛《あい》があるのです。神様《かみさま》は、父母《ふぼ》の愛《あい》を手《て》に入《い》れられず、夫婦《ふうふ》の愛《あい》を手《て》に入《い》れられず、子女《しじょ》の愛《あい》を手《て》に入《い》れられなかったのです。球形《きゅうけい》の愛《あい》をもってこそ、一《ひと》つの核《かく》を中心《ちゅうしん》として四方《ほう》にすべて通《つう》じるのです。球形《きゅうけい》は一点《てん》を中心《ちゅうしん》として、すべてに通《つう》じます。この一点《てん》が理想的《りそうてき》な愛《あい》の核《かく》なのです。この核《かく》を通《つう》じて伸《の》びていけば、愛《あい》の関係《かんけい》の球形《きゅうけい》が生《う》まれるのです。ですから、「家庭《かてい》は、宇宙《うちゅう》を代表《だいひょう》する総本部《そうほんぶ》であった」という結論《けつろん》が出《で》るのです。それが宇宙《うちゅう》です。（一九八四・六・二〇）

2　女性《じょせい》の誇《ほこ》りと特性《とくせい》

私《わたし》は、女性《じょせい》が一番《ばん》たくさんの福《ふく》を受《う》けたと思《おも》います。どうしてそうなのか、話《はな》してあげましょう。神様《かみさま》が人間《にんげん》を造《つく》る時《とき》、女性《じょせい》を一番最後《ばんさいご》に造《つく》られたのです。人《ひと》が何《なに》かの作品《さくひん》をつくるときに、傑作品《けっさくひん》は、最後《さいご》にできるのです。そのような意味《いみ》で、男性《だんせい》と女性《じょせい》を比《ひ》較《かく》したとき、どちらが美《うつく》しいかというと、女性《じょせい》のほうが美《うつく》しいのです。なぜかというと、

女性《じょせい》が最後《さいご》の創造物《そうぞうぶつ》だからです。それが、女性《じょせい》の誇《ほこ》りなのです。(一九七八・一〇・九)

神様《かみさま》が人間《にんげん》を造《つく》られる時《とき》、男性《だんせい》をより愛《あい》したでしょうか、女性《じょせい》をより愛《あい》したでしょうか。女性《じょせい》をより愛《あい》したというのです。なぜなら、男性《だんせい》は神様《かみさま》の家《いえ》なのです。ですから、男性《だんせい》は成熟《せいじゅく》して、思春期《ししゅんき》ともなれば、天下《てんか》に号令《ごうれい》したいし、宇宙《うちゅう》を駆《か》け回《まわ》りながら、すべてに一等《とう》を取《と》りたいのです。男性《だんせい》は、そのような欲望《よくぼう》が大《おお》きいのです。

しかし、女性《じょせい》はそうではありません。女性《じょせい》は、私《わたし》が世界《せかい》で一番《ばん》になろうという考《かんが》えはもたないのです。一方向《ほうこう》の考《かんが》えしかありません。ある所《ところ》に行《い》って、安《やす》らかに眠《ねむ》りたいし、安《やす》らかに頼《たよ》りたい性格《せいかく》があるのです。いつか突破《とっぱ》して出《で》ていきたい、激《はげ》しい闘争《とうそう》をしたいという気質《きしつ》はないのです。ただ、愛《あい》されながら暮《く》らしたいし、頼《たよ》って生《い》きたいというのです。ですから、どこかに行《い》って暮《く》らす時《とき》も、ぶら下《さ》がって暮《く》らしたいし、その姿《すがた》は、引《ひ》っ掛《か》かって暮《く》らしたいのです。(一九七八・一〇・九)

ですから女性《じょせい》は、神様《かみさま》が最後《さいご》に造《つく》った傑作品《けっさくひん》なのです。そして、男性《だんせい》よりも愛《あい》される位置《いち》にいるのであり、その次《つぎ》に、母親《ははおや》になるのです。皆《みな》さんは、お母《かあ》さんがいいですか、お父《とう》さんがいいですか。二人《ふたり》とも好《す》きは好《す》きだけれども、善進《ソンジン》を見《み》ても、お父《とう》さんとお母《かあ》さんが同《おな》じ場《ば》にいる時《とき》、私《わたし》が先《さき》に「おいで」と言《い》っているのに、笑《わら》っているだけでもお母様《かあさま》ほうがいいと、お母様《かあさま》のところに行《い》って、私《わたし》のところには来《こ》ないのです。お母様《かあさま》のほうがいいのです。（一九七八・一〇・九）

3　結婚《けっこん》と女性《じょせい》の運命《うんめい》

女性《じょせい》たちは、いくら勉強《べんきょう》をしたとしても、男性《だんせい》に従《したが》っていくのです。どんなに偉《えら》くなって、大学《だいがく》を出《で》ていてもです。有名《ゆうめい》な大学《だいがく》を出《で》た女性《じょせい》も、韓国《かんこく》に来《き》て小学校《しょうがっこう》しか出《で》ていない男性《だんせい》と結婚《けっこん》したのです。女性《じょせい》は、夫《おっと》に従《したが》わなくてはならないのです。農村《のうそん》に嫁《よめ》に行《ゆ》けば、野良仕事《のらしごと》をしなくてはなりません。女性《じょせい》がいくら偉《えら》くても、夫《おっと》についていかなければなりません。夫《おっと》を捨《す》てて行《い》くことはできません。

「ああ、私《わたし》は大学《だいがく》も出《で》て賢《かしこ》いので、この男性《だんせい》と暮《く》らそう」と言《い》って、自分《じぶん》たちで選《えら》んでも、思《おも》いどおりにいかないのです。必《かなら》ず仲《なか》たがいをしてしまうのです。アメリカでは、優秀《ゆうしゅう》な女性《じょせい》と男性《だんせい》が恋愛結婚《れんあいけっこん》しても、何《なん》カ月《げつ》もたたないうちに仲《なか》たがいをしてしまうのです。どうしてそうなるのか分《わ》かりますか。それは、本質的《ほんしってき》に合《あ》わないからです。プラス・マイナスが本質的《ほんしってき》に合《あ》わないから、そのようになるのです。

それゆえ、結婚《けっこん》という問題《もんだい》は、大変《たいへん》なことなのです。夫《おっと》を迎《むか》えることに誤《あやま》ると、どんなに素晴《すば》らしい女性《じょせい》でも、一生《いっしょう》の運命《うんめい》が左右《さゆう》されます。顔《かお》がきれいだからうまくいく、とは限《かぎ》らないのです。その人《ひと》が何《なん》の素質《そしつ》をもっていて、どんな方向《ほうこう》をもっているのか鑑定《かんてい》できなければならないのに、お互《たが》いが分《わ》からないのです。それゆえ、先生《せんせい》のような人《ひと》が必要《ひつよう》なのです。先生《せんせい》はさっと見《み》ただけで、合《あ》わせてあげられるのです。(一九八二・一〇・二〇)

自分《じぶん》がどんな道《みち》を行《い》くのか、自分《じぶん》がどんな女性《じょせい》なのかを知《し》って、どんな男性《だんせい》を相対《そうたい》にすべきなのかを知《し》らなければならないのです。(一九八二・一〇・二〇)

4　男性《だんせい》と女性《じょせい》の責任《せきにん》

女性《じょせい》たちは、結婚《けっこん》すれば家《いえ》の中《なか》にいるのですが、男性《だんせい》は女性《じょせい》を食《た》べさせるために、どれだけ厳《きび》しい闘争《とうそう》を経《へ》なければならないか、知《し》っていますか。男性《だんせい》は、女性《じょせい》よりも難《むずか》しいのです。男性《だんせい》たちは、暮《く》らしに責任《せきにん》を負《お》わなければならないのです。女性《じょせい》たちは、家《いえ》にいるので分《わ》からないのです。

韓国《かんこく》の女性《じょせい》たちを実例《じつれい》にとれば、どこかに行《い》って昼寝《ひるね》をすることもできるし、どこかで休《やす》むこともできるし、その村《むら》で何《なに》かあれば、かんしゃくを起《お》こすこともできるし、けんかをすることもできるのです。しかし、男性《だんせい》は職場《しょくば》に行《ゆ》くと、目上《めうえ》の人《ひと》に対《たい》しては、いくらはらわたが煮《に》えくり返《かえ》ることがあっても、駄目《だめ》な上司《じょうし》だということが分《わ》かっていても、知《し》らないふりをしなければならないことが多《おお》いのです。また、部下《ぶか》の者《もの》が自分《じぶん》を無視《むし》して、それが気《き》に触《さわ》っても、黙《だま》って、ぐっと耐《た》えていなければならないのです。(女性《じょせい》には、内的《ないてき》に問題《もんだい》がありません)。女性《じょせい》たちは、内的《ないてき》にどんな問題《もんだい》がありますか。夫《おっと》にだけよく仕《つか》えていれば、すべて解決《かいけつ》できるのです。

（それでは、女性《じょせい》の幸福《こうふく》は赤《あか》ちゃんを生《う》んで育《そだ》てることだけですか）。赤《あか》ちゃんを生《う》んでお母《かあ》さんになり、世界的《せかいてき》な息子《むすこ》に育《そだ》てれば、母親《ははおや》として女性《じょせい》の責任《せきにん》を果《は》たすことになるのです。アメリカに行《い》って、ワシントンD・Cの中心地《ちゅうしんち》に住《す》んでいるからといって、世《せ》界的《かいてき》な母親《ははおや》になれるのではありません。韓国《かんこく》の山奥《やまおく》で暮《く》らしていたとしても、そのような希望《きぼう》をもって、愛《あい》をもって赤《あか》ちゃんを育《そだ》てるならば、世界的《せかいてき》な母親《ははおや》になるのです。（一九七八・一〇・九）

5　結婚《けっこん》後《ご》の女性《じょせい》たちの芸術活動《げいじゅつかつどう》について

（女性《じょせい》がどんなに芸術活動《げいじゅつかつどう》をしていたとしても、お嫁《よめ》に行《ゆ》けば終《お》わってしまうのですか）。どうして終《お》わりですか。どうして終《お》わるのですか。（お父様《とうさま》は男性《だんせい》ですから、そう言《い》われるのですが、女性《じょせい》はお嫁《よめ》に行《ゆ》くと、自分《じぶん》の活動《かつどう》のために歩《ある》き回《まわ》ることができなくなるのです。なぜかというと、家《いえ》で赤《あか》ちゃんを育《そだ》てたりするのが、女性《じょせい》として当然《とうぜん》しなければならないことなのです。どうして女性《じょせい》は、芸術《げいじゅつ》活動《かつどう》が続《つづ》けられるのでしょうか）。芸術《げいじゅつ》とは何《なに》かというと、芸術《げいじゅつ》活動《かつどう》をして、世界的《せかいてき》に有名《ゆうめい》になることだけが芸術《げいじゅつ》ではないのです。いかに華麗《かれい》で趣味《しゅみ》に合《あ》った生活圏《せいかつけん》をもつかということが、芸術《げいじゅつ》の目的《もくてき》であることを知《し》らなければなりません。（しかし、私《わたし》たちの教会《きょうかい》で今《いま》、必要《ひつよう》とすることは、世《せ》界的人材《かいてきじんざい》ではないでしょうか）。世界的《せかいてき》なことは、世界的《せかいてき》であり、それは、また家庭的《かていてき》なことなのです。

（しかし、それは努力《どりょく》の差《さ》によるのではないでしょうか）。皆《みな》さんが芸術《げいじゅつ》をする時《とき》、歌《うた》を歌《うた》い、作曲《さっきょく》をするように、赤《あか》ちゃんを寝《ね》かしつけるためにピアノを弾《ひ》いたり、バイオリンを弾《ひ》きながら子守歌《こもりうた》を歌《うた》ってごらんなさい。それは、どんなに芸術的《げいじゅつてき》なことでしょうか。そして、天下《てんか》を抱《いだ》いて眠《ねむ》っている赤《あか》ちゃんを見《み》た時《とき》、その芸術《げいじゅつ》がどれだけ美《うつく》しいかというのです。（だからといって、それでは世界的《せかいてき》ではないのではありませんか）。

それが、なぜ世界的《せかいてき》ではないと言《い》うのですか。赤《あか》ちゃんを寝《ね》かしつけるために、世《せ》界的《かいてき》な子守歌《こもりうた》を作《つく》って歌《うた》えば世界的《せかいてき》でしょう？　女性《じょせい》が生活《せいかつ》を立《た》てていく中《なか》でも、世《せ》界的《かいてき》な芸術表現《げいじゅつひょうげん》をすれば、世界的《せかいてき》になるのです。壇上《だんじょう》に立《た》って、公演《こうえん》をして、世界《せかい》の

人々《ひとびと》に称 賛《しょうさん》されなければ世界的《せかいてき》にならないのだと思《おも》っているのですか。（一生懸命《いっしょうけんめい》に活動《かつどう》して、早《はや》く世界的《せかいてき》な人物《じんぶつ》になってから結婚《けっこん》したらいいのではないでしょうか）。それは駄目《だめ》です。世界的《せかいてき》な人物《じんぶつ》として、世界《せかい》に有名《ゆうめい》になろうとすれば、六十、七十、八十歳《さい》にならないと駄目《だめ》なのです。ですから、それは駄目《だめ》なのです。いくら世界的《せかいてき》な人物《じんぶつ》になったとしても、愛《あい》を知《し》らなければ、それはかわいそうな人《ひと》です。（一九七八・一〇・九）

皆《みな》さんは、芸 術《げいじゅつ》といえば、パリのオペラハウスに行《い》って、大 衆《たいしゅう》の前《まえ》で歓呼《かんこ》を受《う》けて、世界《せかい》の人々《ひとびと》が「ああ、素晴《すば》らしい！」と言《い》えば、世界的《せかいてき》なことだと考《かんが》えているのですか。そのように考《かんが》えてはいけないのです。芸 術《げいじゅつ》をすることは、生 涯《しょうがい》を美《うつく》しくすることであり、生活《せいかつ》を美《うつく》しくすることなのです。

そして、勉 強《べんきょう》することもそうなのです。勉 強《べんきょう》することも、一 生《いっしょう》を素晴《すば》らしく生《い》きるためなのです。このように考《かんが》えるのです。皆《みな》さんは、世界的《せかいてき》な先生《せんせい》のような人《ひと》になったらいいと思《おも》いますか。先生《せんせい》は悲惨《ひさん》なのです。行《い》く先々《さきざき》で悪口《わるぐち》を言《い》われ、けられて追《お》い立《た》てられるのです。それがいいですか、どうですか。女性《じょせい》たちが、そんなことをするのですか。

文《ムン》なにがしといえば、ある人《ひと》は「世界的《せかいてき》な人物《じんぶつ》だ」と言《い》うのですが、それはただ座《すわ》っていてなれるのではありません。闘争《とうそう》が大変《たいへん》なのです。女性《じょせい》たちは、そのような熾烈《しれつ》な過程《かてい》をいくら「行《い》け」と言《い》われても、行《い》けないのです。女性《じょせい》たちには、限界線《げんかいせん》があるのです。そのような限界線《げんかいせん》を越《こ》えていくのは、冒険《ぼうけん》であり、無理《むり》です。

それゆえ、「芸術《げいじゅつ》は、生活化《せいかつか》するためにする」と考《かんが》えればよいのです。子女教育《しじょきょういく》においては、芸術的《げいじゅつてき》な教育《きょういく》をすべきだということです。夫《おっと》に対《たい》して、芸術的《げいじゅつてき》な感情《かんじょう》をもって手厚《てあつ》くもてなすことも知《し》り、かばってあげることも知《し》らなければなりません。それが、もっと素晴《すば》らしい芸術《げいじゅつ》であると私《わたし》は思《おも》うのです。芸術《げいじゅつ》をすることにより、愛《あい》をもって家《か》庭《てい》を美化《びか》させ、昇華《しょうか》させることが、芸術《げいじゅつ》のより誇《ほこ》りある価値《かち》だと思《おも》うのです。女性《じょせい》は、どうしても家庭《かてい》に入《はい》らなければなりません。ですから、お嫁《よめ》に行《ゆ》かなければならないのです。（一九七九・一〇・九）

6　女権《じょけん》と男権《だんけん》の出発点《しゅっぱつてん》

愛《あい》を中心《ちゅうしん》としては、男性《だんせい》と女性《じょせい》は平等《びょうどう》です。あなたは、「男性《だんせい》に生《う》まれたらよかった」と考《かんが》えたのですか。その必要《ひつよう》はありません。女性《じょせい》は、女性《じょせい》として半分《はんぶん》になるということを知《し》らなければなりません。愛《あい》を中心《ちゅうしん》として平等《びょうどう》だというのです。「ああ、統一教会《とういつきょうかい》の文先生《ムンせんせい》という人《ひと》は、女権反対者《じょけんはんたいしゃ》だ」といううわさを立《た》てたと私《わたし》は聞《き》いたのですが、私《わたし》の話《はなし》を聞《き》いてみてください。

女権運動《じょけんうんどう》をする人《ひと》たちは、愛《あい》を中心《ちゅうしん》として、お母《かあ》さんの女権《じょけん》を守《まも》るすべを知《し》らなければなりません。愛《あい》を中心《ちゅうしん》として、お母《かあ》さんと娘《むすめ》が一《ひと》つになったのでしょうか。まず、その一《ひと》つになった位置《いち》に立《た》つ自分《じぶん》にならなければなりません。夫《おっと》の前《まえ》に、完全《かんぜん》に愛《あい》で一《ひと》つになった位置《いち》で、夫《おっと》を愛《あい》する女権《じょけん》をもったのでしょうか。その次《つぎ》に、息子《むすこ》、娘《むすめ》に対《たい》して愛《あい》する女権《じょけん》をもったのでしょうか。そのような女権《じょけん》が、先《さき》に出発《しゅっぱつ》しなければならないのです。政治風《せいじかぜ》を吹《ふ》かせて走《はし》り回《まわ》り、何《なん》の女権運動《じょけんうんどう》ですか！　母親《ははおや》を無視《むし》し、夫《おっと》を無視《むし》し、子《こ》供《ども》を無視《むし》し、女性基盤《じょせいきばん》を喪失《そうしつ》した立場《たちば》で、何《なに》が社会的《しゃかいてき》な女権運動《じょけんうんどう》ですか！

「ほうり出《だ》してしまいなさい」と言《い》うだけです。あってはならないことです。動機《どうき》のない女権運動《じょけんうんどう》は、流《なが》れていくのです。

一番《ばん》の女権《じょけん》は、何《なん》でしょうか。まず父母《ふぼ》の前《まえ》に、愛《あい》される女性《じょせい》としての女権《じょけん》、母親《ははおや》を愛《あい》する女権《じょけん》、妻《つま》として愛《あい》されることのできる女権《じょけん》、夫《おっと》を愛《あい》せる女権《じょけん》、子供《こども》に愛《あい》される母親《ははおや》としての女権《じょけん》をもてば、第《だい》二の世界《せかい》に現《あらわ》れてくるのであり、根本《こんぽん》が間違《まちが》っていては何《なに》もできないのです。

皆《みな》さんは、父母《ふぼ》の言《い》うことをよく聞《き》かなければなりません。皆《みな》さんは、よく「お父《とう》さん、お母《かあ》さんの言《い》うことを聞《き》きたくないのに、どうしてお父《とう》さん、お母《かあ》さんはひっきりなしに私《わたし》を呼《よ》ぶのだろう」と言《い》うのですが、それは男権《だんけん》を与《あた》えるためなのです。男性《だんせい》も、お父《とう》さん、お母《かあ》さんの愛《あい》を受《う》ける男性《だんせい》の権限《けんげん》、兄弟《きょうだい》の愛《あい》を受《う》ける男性《だんせい》の権限《けんげん》、その次《つぎ》に、妻《つま》に愛《あい》される男性《だんせい》の権限《けんげん》、自分《じぶん》の子供《こども》に愛《あい》される男性《だんせい》の権限《けんげん》を備《そな》えなければなりません。

あなたは今《いま》、お父《とう》さんを愛《あい》していますか。それに背馳《はいち》（注《ちゅう》：そむくこと）することは、不義《ふぎ》です。サタン圏《けん》です。それは自然《しぜん》に破壊《はかい》されるのです。宇宙《うちゅう》が保護《ほご》しません。しかし、原則的《げんそくてき》なものは、宇宙《うちゅう》が保護《ほご》しています。宇宙《うちゅう》が絶対《ぜったい》に保護《ほご》するようになっているのです。ですから昔《むかし》、東洋《とうよう》には、「家和《いえわ》して万事成《ばんじな》る」だとか、三綱《こう》五倫《りん》（注《ちゅう》：三綱《こう》とは、儒教《じゅきょう》で、君臣《くんしん》・父子《ふし》・夫婦《ふうふ》の道《みち》。五倫《りん》とは、基本《きほん》とされる五《いつ》つの対人関係《たいじんかんけい》。父子《ふし》・君臣《くんしん》・夫婦《ふうふ》・長幼《ちょうよう》・朋友《ほうゆう》。また、それぞれその間《あいだ》で守《まも》らなければならない道《みち》。親《しん》・義《ぎ》・別《べつ》・序《じょ》・信《しん》）があったのです。歴史《れきし》は変化《へんか》しても、この法則《ほうそく》は変《か》わらないのです。それに従《したが》って、そのように教《おし》えられているのです。「長幼序《ちょうようじょ》あり」。すべてに秩序《ちつじょ》があるべきだというのです。「朋友信《ほうゆうしん》あり」。友達《ともだち》は、信義《しんぎ》がなくてはなりません。

女権《じょけん》を備《そな》えた女性《じょせい》、男権《だんけん》を備《そな》えた男性《だんせい》、そうならなければ愛《あい》の道《みち》を行《い》けないことを知《し》らなければなりません。愛《あい》の道《みち》とは何《なに》か、分《わ》かりますか。恩進《ウンジン》も、うるさく言《い》ってはなりません。お姉《ねえ》さんがどうであっても、「ああ、お姉《ねえ》さんがどれほどじれったくて、そうなのだろうか」と言《い》って、愛《あい》する心《こころ》をもたないといけないのです。また、顯進《ヒョンジン》が大《おお》きくなり意地悪《いじわる》くなって、お姉《ねえ》さんに対《たい》して威張《いば》り散《ち》らしたりすれば、「ああ、男《おとこ》はそうだから、仕方《しかた》ない。ひたすら私《わたし》が愛《あい》してあげないと。私《わたし》が愛《あい》してあげられなかったから、そうなんだ」と、ならなければいけないのです。（一九八四・六・二〇）

ですから、女権運動《じょけんうんどう》、男権運動《だんけんうんどう》するためには、自分《じぶん》ということを考《かんが》えていては絶対《ぜったい》に接触《せっしょく》する道《みち》がないのです。（一九八四・六・二〇）

7　真《まこと》の女権《じょけん》と男権《だんけん》を完成《かんせい》するための私《わたし》たちの姿勢《しせい》

統一教会《とういつきょうかい》の思想《しそう》とは何《なん》ですか。（神様《かみさま》の愛《あい》を中心《ちゅうしん》として「ため」に生《い》きることです）。それでなければ、愛《あい》の理想《りそう》が成《な》されません。お母《かあ》さんが「永遠《えいえん》に私《わたし》の娘《むすめ》だ」と称賛《しょうさん》することができ、「愛《あい》する私《わたし》の娘《むすめ》よ」という詩《し》を作《つく》ることができなければなりません。あなたの姿《すがた》は、か弱《よわ》いけれども誰《だれ》よりも強《つよ》い者《もの》であって、この世《よ》のすべての形容詞《けいようし》をもってきて付《つ》けられる娘《むすめ》となり、息子《むすこ》となれば、それは孝行者《こうこうもの》であり、孝女《こうじょ》です。

皆《みな》さん、そのような所《ところ》にお嫁《よめ》に行《い》って、そのような息子《むすこ》、娘《むすめ》をもちたいでしょうか。女性《じょせい》たち、考《かんが》えてください。そのような息子《むすこ》、娘《むすめ》をもちたいですか、もちたくないですか。顔立《かおだ》ちが整《ととの》っているとか、醜《みにく》いとかが問題《もんだい》ではないのです。たとえ顔《かお》が屋根瓦《やねがわら》のようだったり、しわくちゃのかぼちゃみたいだったとしても、愛《あい》があればよいのです。

ですから、このような女権《じょけん》を備《そな》えた女性《じょせい》として成熟《せいじゅく》して、初《はじ》めて神様《かみさま》の愛《あい》に接《せっ》し、その圏内《けんない》に入《はい》っていくことが思春期《ししゅんき》なのです。ですから、そこで一《ひと》つになり、ぶつかって火《ひ》が出《で》るような境地《きょうち》になれば、神様《かみさま》が臨《のぞ》まれるのです。神様《かみさま》が自然《しぜん》に臨《のぞ》まれるようになっているのです。神様《かみさま》が臨《のぞ》まれて、愛《あい》されるのです。ですから、男性《だんせい》と女性《じょせい》が愛《あい》するようになると、神様《かみさま》が愛《あい》することと同《おな》じなのです。（一九八四・六・二〇）

私《わたし》が皆《みな》さんを見《み》ると、よく分《わ》かるのです。さっと、その目《め》を見《み》れば分《わ》かるのです。「この者《もの》たち、浮《うわ》ついている」と言《い》えるのです。すの入《はい》った大根《だいこん》を誰《だれ》が食《た》べますか。いくら大《おお》きくなっても、頭《あたま》が真《ま》っ青《さお》で見栄《みば》えが良《よ》くても、切《き》ってみて、すが入《はい》っていれば誰《だれ》が食《た》べるでしょうか。すの入《はい》っていない大根《だいこん》は甘《あま》いのです。すの入《はい》った大根《だいこん》を持《も》ってみると、重《おも》さがないのです。

皆《みな》さんの中《なか》で、「私《わたし》は浮《うわ》ついていない」と思《おも》う女性《じょせい》は手《て》を挙《あ》げてみなさい。アメリカの風習《ふうしゅう》が入《はい》っていない、女性崇拝《じょせいすうはい》の風習《ふうしゅう》が入《はい》っていないという人《ひと》！　車《くるま》に乗《の》れば男性《だんせい》が来《き》

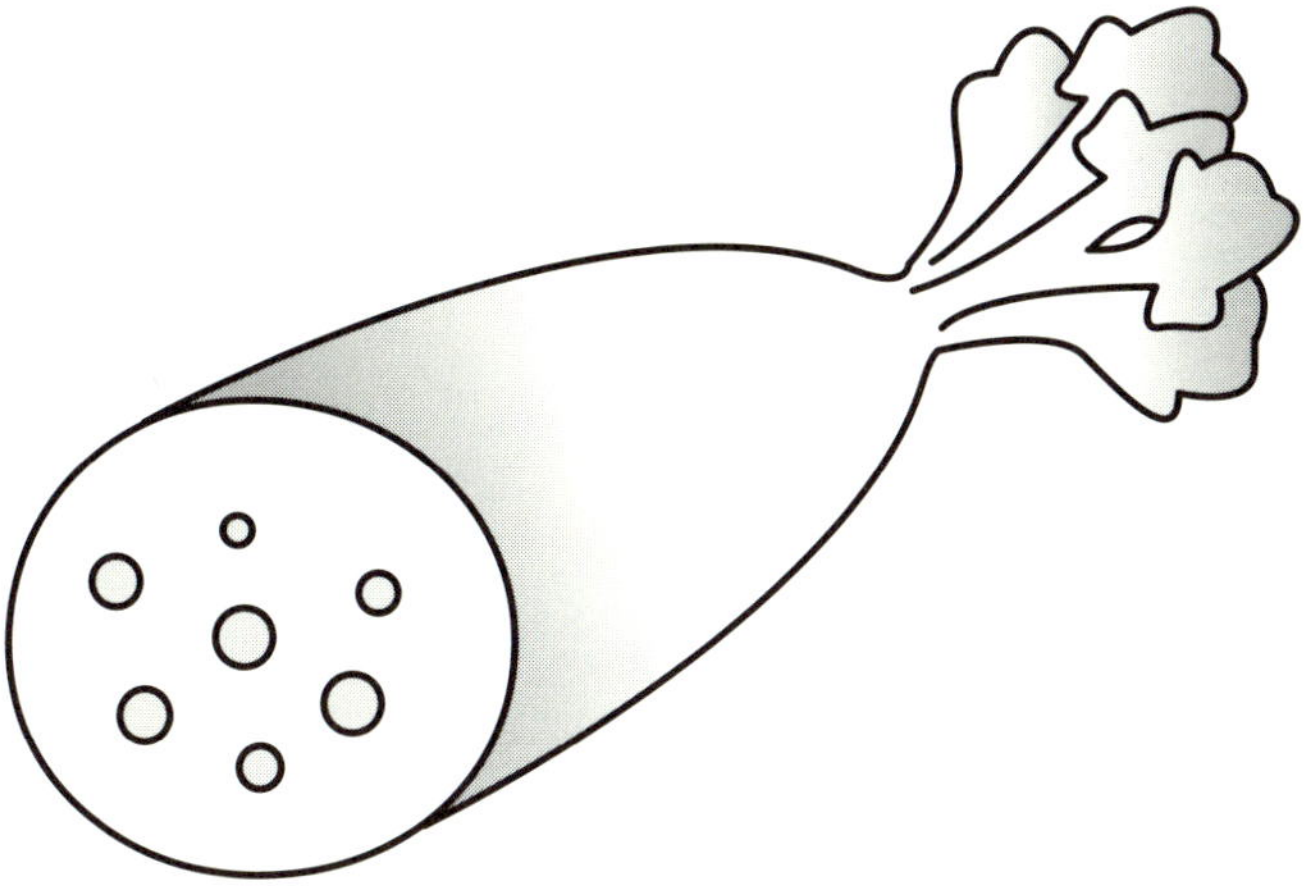

てドアを開《あ》けてくれればいいのにと願《ねが》っても、それは、七十年《ねん》の歴史《れきし》なのです。お母《かあ》さんに侍《はべ》るための一時《いっとき》の訓練《くんれん》なのです。それは、瞬間《しゅんかん》だけに通《つう》じることとして、過《す》ぎ去《さ》っていくのです。第《だい》一次《じ》世界大戦《せかいたいせん》以後《いご》から七十年《ねん》なので、いくらも残《のこ》っていないのです。皆《みな》さんは、歴史《れきし》を知《し》らないからそうなのです。すべて、神様《かみさま》がそのようにしておいたことなのです。（一九八四・七・一〇）

女性《じょせい》たちは、夫《おっと》のためになるすべを知《し》り、その次《つぎ》に子供《こども》のためになるすべを知《し》り、その次《つぎ》に父母《ふぼ》のためになるすべを知《し》り、その次《つぎ》に国《くに》のためになるすべを知《し》らなければならないのです。神様《かみさま》のためになることも良《よ》いけれど、国《くに》のためになるべきなのです。国《くに》は世界《せかい》のためにあるのです。そして、人類《じんるい》のためになるべきなのです。人類《じんるい》のためになれば、世界《せかい》のためになることなのです。国《くに》のためになれば、人類《じんるい》のためになるのと同《おな》じです。

(一九八四・七・一〇)

第四節《だいせつ》　二世《にせい》の祝福《しゅくふく》と祝福《しゅくふく》に臨《のぞ》む姿勢《しせい》

1　祝福《しゅくふく》の基盤《きばん》と二世《にせい》の祝福《しゅくふく》

統一教会《とういつきょうかい》の魅力《みりょく》とは何《なん》でしょうか。若《わか》い男女《だんじょ》が、「統一教会《とういつきょうかい》の家庭《かてい》はみな、永遠《えいえん》を目標《もくひょう》にして一生懸命《いっしょうけんめい》生《い》きている。この世《よ》の家庭《かてい》はみな、壊《こわ》れていってしまうのに、統一教会《とういつきょうかい》に入《はい》れば、すべて良《よ》い家庭《かてい》になれる」と言《い》いながら集《あつ》まってくるのです。（一九八四・七・二）

皆《みな》さんのお父《とう》さん、お母《かあ》さんが苦労《くろう》していたので、皆《みな》さんもみな、そのような顔《かお》になったのです。良《よ》いものを食《た》べて、心安《こころやす》らかに横《よこ》になり、夢《ゆめ》を描《えが》いたり、良《よ》い胎教《たいきょう》をしていれば、良《よ》い赤《あか》ちゃんを生《う》めたのに、ひたすら悪口《わるぐち》を言《い》われ、逃《に》げ回《まわ》りながら赤《あか》ちゃんを胎教《たいきょう》し、食《た》べるに食《た》べられず、どこに行《い》っても迫害《はくがい》を受《う》けてきたのです。ですから皆《みな》

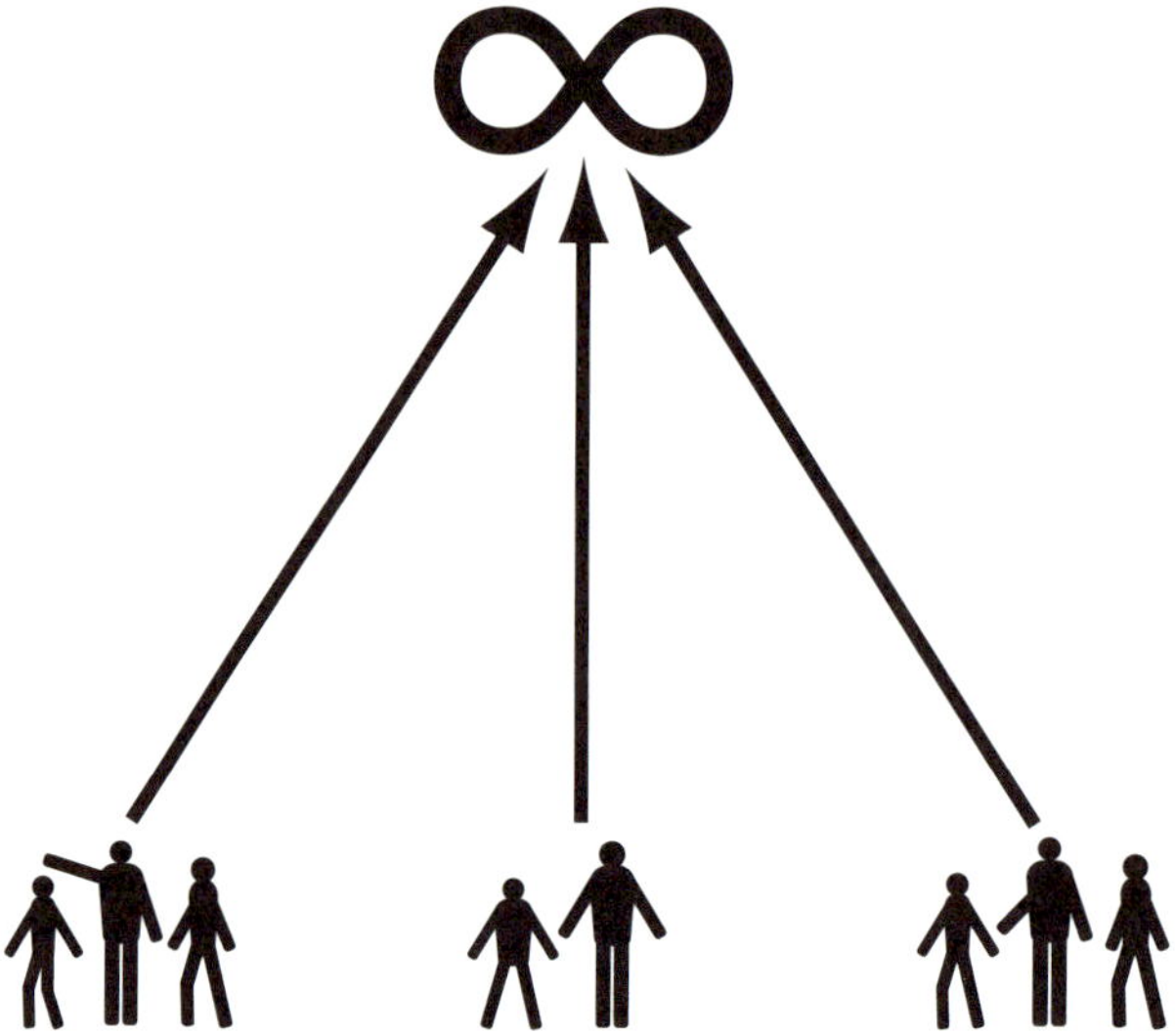

さんは、そのような顔《かお》になったのです。しかし、根本《こんぽん》は良《よ》い人々《ひとびと》なのです。（一九八四・七・一）

どうして二世《にせい》を祝福《しゅくふく》してあげなければならないのでしょうか。二世《にせい》を選《えら》ぶとき、その家庭《かてい》が世界《せかい》の途上《とじょう》で迫害《はくがい》を受《う》ける家庭《かてい》に属《ぞく》していれば、その二世《にせい》たちを祝福《しゅくふく》してはいけないのです。しかし今《いま》では、摂理的《せつりてき》に見《み》たときに、統一教会《とういつきょうかい》において祝福家庭《しゅくふくかてい》は、迫害《はくがい》を受《う》ける時《じ》代《だい》を越《こ》えたのです。

その基盤《きばん》は、誰《だれ》がつくったのですか。皆《みな》さんのお父《とう》さん、お母《かあ》さんがつくったのですか。（真《まこと》の父母《ふぼ》様《さま》です）。真《まこと》の父母《ふぼ》以外《いがい》に、誰《だれ》がいましたか。天《てん》のお父様《とうさま》がいたのですね。三代《だい》の父母《ふぼ》に対《たい》して、このように侍《はべ》ってこそ復帰《ふっき》がなされるのです。縦的中心《じゅうてきちゅうしん》である神様《かみさま》と、真《まこと》の父母《ふぼ》を中心《ちゅうしん》として、縦横《じゅうおう》に連結《れんけつ》される所《ところ》で、皆《みな》さんは父母《ふぼ》に侍《はべ》らなければなりません。それが、三代《だい》の父母《ふぼ》に侍《はべ》ることです。（一九八六・二・八）

2 摂理《せつり》の時《とき》と二世祝福《にせいしゅくふく》

今《いま》までの路程《ろてい》は、このサタン世界《せかい》での蕩減復帰《とうげんふっき》なのです。すべてを上《のぼ》っていって清算《せいさん》し、再《ふたた》び国《くに》を探《さが》して下《お》りてきて基盤《きばん》を築《きず》き、アベルの家庭《かてい》に侍《はべ》っていかなければなりません。先生《せんせい》は今《いま》、それが必要《ひつよう》なのです。先生《せんせい》がすべてを勝利《しょうり》しておいたので、皆《みな》さんは今《いま》、班《パン》（注《ちゅう》：行政区画《ぎょうせいくかく》の最下級単位《さいかきゅうたんい》）の集会《しゅうかい》を通《とお》して、そこで若《わか》い男女《だんじょ》を消化《しょうか》し、皆《みな》さんが家庭《かてい》の標準《ひょうじゅん》となり、彼《かれ》らをすべて連《つ》れて越《こ》えていく道《みち》をつくっておかなければならないのです。そのような時代《じだい》に入《はい》ってきたのです。

ですから、皆《みな》さんは今《いま》、第一線《だいせん》に立《た》っているのです。それで、今《いま》、天国《てんごく》を創建《そうけん》しているのです。天国創建《てんごくそうけん》は、誰《だれ》が先《さき》にするのかというと、皆《みな》さんが先《さき》にするのです。先生《せんせい》による統一家《とういっけ》を中心《ちゅうしん》として、皆《みな》さん二世《にせい》の家庭《かてい》を早《はや》くつくらなければなりません。そうすることにより、カイン世界《せかい》において、アベル家庭《かてい》が横的《おうてき》に広《ひろ》がるのです。（一九八六・四・八）

3　二世祝福《にせいしゅくふく》の資格《しかく》

これからは、原理試験《げんりしけん》にパスしなければ祝福対象者《しゅくふくたいしょうしゃ》にはなれません。教会《きょうかい》で行《おこな》うすべての行事《ぎょうじ》を、みな通過《つうか》しなければなりません。祝福家庭《しゅくふくかてい》の子女《しじょ》たちは、断食《だんじき》をしなければならないのですか、しなくてもよいのですか。（しなければなりません）。みなしなければならない、と考《かんが》えないのですか。皆《みな》さん、七年路程《ねんろてい》を行《い》かなければならないのですか、行《い》かなくてもいいのですか。（行《い》かなければなりません）。どうしてですか。

ヤコブが行《い》った路程《ろてい》は、イスラエル民族《みんぞく》が行《い》かなければならず、モーセが行《い》った路程《ろてい》は、イスラエルの国《くに》が行《い》かなければならず、イエス様《さま》が行《い》った路程《ろてい》は、キリスト教《きょう》が行《い》かなければならないのです。では、統一教会《とういつきょうかい》の文先生《ムンせんせい》が行《い》った路程《ろてい》は、誰《だれ》が行《い》かなければなりませんか。（私《わたし》たちが行《い》かなければなりません）。先生《せんせい》は七年路程《ねんろてい》を行《い》きましたか、行《い》きませんでしたか。（行《い》かれました）。（一九八六・四・八）

4　祝福《しゅくふく》を受《う》けるための姿勢《しせい》

アダムには選択権《せんたくけん》があったでしょうか。エバには多《おお》くの男性《だんせい》の中《なか》で選択《せんたく》できる、アダムには多《おお》くの女性《じょせい》の中《なか》で選択《せんたく》できる権限《けんげん》がありましたか、ありませんでしたか。（ありませんでした）。うれしくて泣《な》きながら眺《なが》めるのは、一人《ひとり》の男性《だんせい》なのです。アダムしかいなかったのです。エバには、足《あし》が折《お》れて、どこか体《からだ》に大変《たいへん》なところがあっても、一人《ひとり》の男性《だんせい》しか眺《なが》めることができなかったのです。二人《ふたり》の男性《だんせい》を眺《なが》められなかったのです。また、アダムがいくら得意《とくい》になって歩《ある》き回《まわ》っても、二人《ふたり》の女性《じょせい》を眺《なが》めることはできなかったのです。また、アダムは、エバ以外《いがい》を選《えら》ぶことができるでしょうか。「私《わたし》は嫌《きら》いだ。ほかの女性《じょせい》と結婚する」と、そうすることができるでしょうか。それに固執すれば、晩年《ばんねん》は一人《ひとり》で暮《く》らして、死《し》んでいくだけです。それでは、人類《じんるい》が絶《た》えてしまうのです。自分《じぶん》たちの氏族《しぞく》がなくなってしまうのです。自分《じぶん》の思《おも》いのままに結婚《けっこん》すれば、行《い》く先《さき》は地獄《じごく》であり、自分《じぶん》の思《おも》いのままにでなくて結婚《けっこん》すれば、行《い》く先《さき》は天国《てんごく》なのです。（一九八六・四・八）

第《だい》五節《せつ》　祝《しゅく》福《ふく》家庭《かてい》の夫婦《ふうふ》の愛《あい》の道《みち》

1　「根《ね》こそぎ私《わたし》の愛《あい》」の意味《いみ》

どうして神様《かみさま》がこの世界《せかい》を創造《そうぞう》されたのかというと、神様《かみさま》は「愛《あい》のゆえに」と言《い》われるのです。では、その愛《あい》はどのような形《かたち》の愛《あい》なのでしょうか。神様《かみさま》は「根《ね》こそぎ私《わたし》の愛《あい》」を願《ねが》われるのです。皆《みな》さん、「根《ね》こそぎ私《わたし》の愛《あい》」という言葉《ことば》を聞《き》いたことがありますか。歌《うた》では聞《き》いたことがあっても、そういう愛《あい》は知《し》らないでしょう？　考《かんが》えただけでも神秘《しんぴ》的《てき》であり、丸《まる》ければ丸《まる》く、長《なが》ければ長《なが》く、不思議《ふしぎ》な愛《あい》なのです。では、女性《じょせい》が一人《ひとり》でその愛《あい》を探《さが》すことができるでしょうか。誰《だれ》を通《とお》さなければならないのですか。醜《みにく》い意地悪《いじわる》な、ぼさぼさ頭《あたま》の青年《せいねん》に、ついていかなければならないのです。

「根《ね》こそぎ私《わたし》の愛《あい》」の中《なか》にはすべてが入《はい》っているのです。そこには、夫《おっと》の愛《あい》も入《はい》っているし、妻《つま》の愛《あい》も入《はい》っているし、息子《むすこ》の愛《あい》も入《はい》っているし、神様《かみさま》の愛《あい》も入《はい》っています。ですから、愛《あい》はどんなに入《い》れても、もちこたえることができるのです。父母《ふぼ》は、愛《あい》する心《こころ》をもっているので、あらゆるものを子供《こども》に与《あた》えたいのです。与《あた》えても与《あた》えても与《あた》えても、また与《あた》えたいのです。愛《あい》は、そのように大《おお》きいのです。しかし、お金《かね》の世界《せかい》では、私《わたし》が百ドル与《あた》えて、「もう、あげない」と言《い》えば、それで終《お》わるのです。しかし、愛《あい》の心《こころ》は無《む》限《げん》なのです。無限《むげん》に通《つう》じ、無限《むげん》に大《おお》きく、無限《むげん》なる価値《かち》の内容《ないよう》をもっているのです。

それゆえ、愛《あい》を備《そな》えた人《ひと》は、宇宙《うちゅう》を備《そな》えることになり、すべての幸福《こうふく》を得《え》ることになり、すべての面《めん》で勝利者《しょうりしゃ》になるのです。そういう結論《けつろん》が出《で》るのです。いくら素晴《すば》らしく人生《じんせい》を生《い》きたとしても、このような愛《あい》を備《そな》えて、愛《あい》に対《たい》する勝利者《しょうりしゃ》になれなければ、人生《じんせい》の敗北者《はいぼくしゃ》なのです。(一九八四・六・二〇)

2　愛《あい》の道《みち》を引《ひ》き継《つ》いでいく人生行路《じんせいこうろ》

人間《にんげん》が生《う》まれたのは、愛《あい》の世界《せかい》を旅行《りょこう》するためです。愛《あい》の宇宙旅行《うちゅうりょこう》をするために生《う》まれたのです。私《わたし》が、お父《とう》さん、お母《かあ》さんから血統《けっとう》を受《う》け継《つ》いだ時《とき》、お父《とう》さん、お母《かあ》さん

の愛《あい》の中《なか》で受《う》け継《つ》いだのです。

ですから、生《う》まれながらにして、愛《あい》されていたのです。お母《かあ》さんの胎中《たいちゅう》にいる時《とき》から、お父《とう》さん、お母《かあ》さんを愛《あい》しましたか、愛《あい》されましたか。お父《とう》さん、お母《かあ》さんに愛《あい》されたのです。十カ月《げつ》の間《あいだ》、ひたすら触《さわ》られて、そして生《う》まれてから、また愛《あい》されて、そのように学校《がっこう》に入《はい》る時《とき》まで愛《あい》されたのです。

大学《だいがく》まで何年《なんねん》ですか。二十年《ねん》ですか、二十二年《ねん》ですか。その期間《きかん》をみな、父母《ふぼ》の愛《あい》の圏内《けんない》で育《そだ》ったのです。

そのようなお父《とう》さん、お母《かあ》さんが、自分《じぶん》の息子《むすこ》、娘《むすめ》を最高《さいこう》に愛《あい》したいのに、他人《たにん》のように対《たい》さなければならないとすれば、とても胸《むね》が痛《いた》くなるのです。皆《みな》、そういうことを知《し》らないでしょう？　今《いま》に息子《むすこ》、娘《むすめ》を生《う》んでみると、私《わたし》たちの父母《ふぼ》もこうだったのか、ということが分《わ》かるのです。それにもかかわらず、皆《みな》さんを捨《す》てて出《で》ていく時《とき》、父母《ふぼ》はどうして眠《ねむ》りにつき、いつ平安《へいあん》な時間《じかん》をもてたでしょうか。いつも焦《あせ》る心《こころ》、不安《ふあん》な心《こころ》をもったに違《ちが》いないということを皆《みな》さんは知《し》って、自分《じぶん》の父母《ふぼ》は偉《えら》いということを悟《さと》らなければならないのです。すべてが愛《あい》なのです。

3　女性《じょせい》の人格完成《じんかくかんせい》の道《みち》

女性《じょせい》は、半分《はんぶん》なのです。男性《だんせい》を愛《あい》で消化《しょうか》することにより、円満《えんまん》な女性《じょせい》の人格《じんかく》が完成《かんせい》するのです。それゆえ、悪《わる》い女性《じょせい》は、たまには男性《だんせい》からぶたれなくてはなりません。そして、口《くち》はむやみに開《あ》けないで、じっとしていなければなりません。女性《じょせい》は、口《くち》が武器《ぶき》なのです。それしかないのです。口《くち》が武器《ぶき》なのです。そして、表情《ひょうじょう》が武器《ぶき》なのです。その二《ふた》つです。それで女性《じょせい》は、言葉《ことば》のために滅《ほろ》びることもあるのです。

ですから、「夫《おっと》は私《わたし》より悪《わる》い」と言《い》う女性《じょせい》は、存在《そんざい》できないのです。「悪《わる》い夫《おっと》で、不足《ふそく》

表情

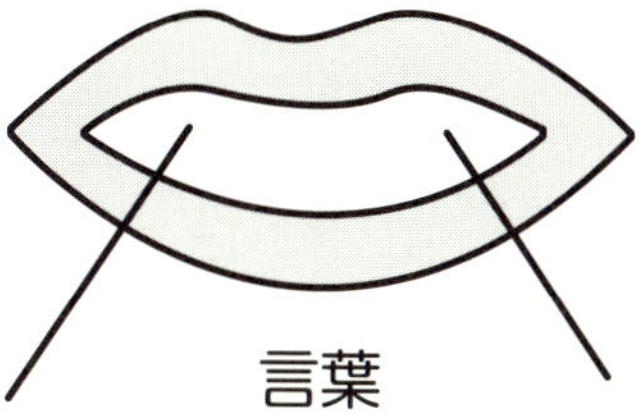

口

であっても、生死《せいし》の境《さかい》で旗《はた》を受《う》け継《つ》いで、私《わたし》という女性《じょせい》を訪《たず》ねてきてくださいました」と言《い》わなくてはなりません。そのような旗《はた》を立《た》てて、平和《へいわ》の王国《おうこく》、愛《あい》の国《くに》を成《な》そうと、出会《であ》った二人《ふたり》なのです。これが夫婦《ふうふ》なのです。

　愛《あい》は、生《い》きていなければなりません。愛《あい》が死《し》んでしまってはいけないのです。女性《じょせい》は、半分《はんぶん》なのです。女性《じょせい》の行《い》く道《みち》は、円《えん》の半分《はんぶん》を描《えが》かなければなりません。男性《だんせい》を踏《ふ》みつけて上《あ》がっていこうとするのは、良《よ》くないことです。

　家庭《かてい》で、お母《かあ》さんが厚徳《こうとく》な心《こころ》をもっていれば、三代《だい》以内《いない》で、その家門《かもん》を受《う》け継《つ》ぎ得《う》る長孫《ちょうそん》の息子《むすこ》、娘《むすめ》が生《う》まれるのです。そのような道理《どうり》により、三代《だい》で復帰《ふっき》するのです。復帰《ふっき》するということは、全体《ぜんたい》を支配《しはい》できるので、三段階《だんかい》だけを越《こ》えることができれば、新《あたら》しい希望《きぼう》の世界《せかい》に連結《れんけつ》されるのです。そして、螺旋形《らせんけい》になって大《おお》きくなっていくのです。(一九八九・一・六)

皆《みな》さんは、愛《あい》の家《いえ》をもっていますか。女性《じょせい》は、女性《じょせい》の愛《あい》の家《いえ》をもち、男性《だんせい》は、男性《だんせい》の愛《あい》の家《いえ》をもっているのです。しかし、女性《じょせい》がもっている愛《あい》の家《いえ》は、女性《じょせい》のものではなく、男性《だんせい》の愛《あい》の家《いえ》であり、男性《だんせい》がもっている愛《あい》の家《いえ》は、男性《だんせい》のものではなく、女性《じょせい》の愛《あい》の家《いえ》なのです。

女性《じょせい》の愛《あい》の家《いえ》は、どこにあるのかといえば、女性《じょせい》にあるのではありません。入《い》れ替《か》わっているのです。それでは、なぜそのように交差《こうさ》するのでしょうか。宇宙《うちゅう》を連結《れんけつ》させるためには、交差《こうさ》しなければならないのです。これは愛《あい》のみが可能《かのう》なのであって、他《た》のものでは駄目《だめ》なのです。

自分《じぶん》の体《からだ》はみな、自分《じぶん》のものだと言《い》うのですが、愛《あい》だけは自分《じぶん》のものではないのです。愛《あい》だけは自分《じぶん》のものではありません。それは、相対《そうたい》のものなのです。入《い》れ替《か》わっているのです。それが入《い》れ替《か》わっているために、交差点《こうさてん》が生《しょう》じて、それを拡大《かくだい》すれば球形《きゅうけい》が現《あらわ》れるのです。

旧約聖書《きゅうやくせいしょ》には、「聖所《せいじょ》」や「至聖所《しせいじょ》」という言葉《ことば》があるでしょう？　聖所《せいじょ》は人《ひと》を象徴《しょうちょう》するものであり、至聖所《しせいじょ》は愛《あい》の家《いえ》を象徴《しょうちょう》するものなのです。愛《あい》し得《う》る家《いえ》をいう言葉《ことば》なのです。

人《ひと》はみな、聖所《せいじょ》、至聖所《しせいじょ》をもっているのです。聖所《せいじょ》とは、神様《かみさま》に侍《はべ》ることができる所《ところ》です。では、至聖所《しせいじょ》とは何《なん》でしょうか。特権的《とっけんてき》な愛《あい》の主管権《しゅかんけん》をもつために、神様《かみさま》との関係《かんけい》を結《むす》ぶ所《ところ》が至聖所《しせいじょ》なのです。至聖所《しせいじょ》は、天《てん》と通《つう》じ得《う》る位置《いち》をいうのです。天《てん》との直接的関係《ちょくせつてきかんけい》を結《むす》び得《う》る至聖所《しせいじょ》が、正《まさ》に皆《みな》さんの生殖器《せいしょくき》なのです。

それは、誰《だれ》もが触《ふ》れることはできません。至聖所《しせいじょ》を守《まも》る祭司長《さいしちょう》は、二人《ふたり》ではありません。絶対《ぜったい》に一人《ひとり》なのです。至聖所《しせいじょ》を守《まも》っている人《ひと》が鍵《かぎ》を開《あ》けなくてはならないのに、他《た》の人《ひと》がそれを汚《けが》し、触《ふ》れるようなことがあれば、昔《むかし》は雷《かみなり》に打《う》たれて死《し》んだのです。エバの至聖所《しせいじょ》の鍵《かぎ》をもっていたのはアダムであり、アダムの至聖所《しせいじょ》の鍵《かぎ》をもっていたのはエバであった、ということを知《し》らなければなりません。

そして、神様《かみさま》と一体《いったい》の愛《あい》の因縁《いんねん》を結《むす》ぶところで、神様《かみさま》に侍《はべ》って愛《あい》し合《あ》わなければならないのです。男性《だんせい》と女性《じょせい》の二人《ふたり》だけが会《あ》うのではありません。男性《だんせい》と女性《じょせい》の二人《ふたり》が会《あ》う時《とき》には天理《てんり》を代表《だいひょう》する、宇宙創造理想《うちゅうそうぞうりそう》が巡《めぐ》り合《あ》う位置《いち》で神様《かみさま》の愛《あい》を受《う》けるのです。そして、「あなたの願《ねが》いである息子《むすこ》、娘《むすめ》を得《え》なければなりません」と言《い》うのです。（一九八四・六・二〇）

4　夫《おっと》の責任《せきにん》と妻《つま》の責任《せきにん》

夫《おっと》は妻《つま》を愛《あい》して、影《かげ》をつくってはなりません。妻《つま》のために責任《せきにん》のある夫《おっと》として、自分《じぶん》の妻《つま》を一番愛《ばんあい》する夫《おっと》にならなければなりません。また、「妻《つま》としても、私《わたし》の夫《おっと》は本当《ほんとう》に素晴《すば》らしい」と言《い》うことができなければなりません。

また、父親《ちちおや》もそうなのです。他人《たにん》の父親《ちちおや》になるのは簡単《かんたん》ではありません。事実《じじつ》、息子《むすこ》は他人《たにん》です。世界《せかい》に送《おく》り出《だ》す、他人《たにん》となる子供《こども》を私《わたし》が管理《かんり》して育《そだ》てているのです。子供《こども》は他人《たにん》なのです。父子《ふし》の関係《かんけい》は、突《つ》き詰《つ》めると他人《たにん》になるのです。父親《ちちおや》の役目《やくめ》をするの

は、簡単《かんたん》ではありません。妻《つま》の役目《やくめ》も、夫《おっと》の役目《やくめ》も、簡単《かんたん》ではありません。（一九八四・七・一〇）

気難《きむずか》しい性格《せいかく》の夫《おっと》は、妻《つま》をよくたたくのです。時々《ときどき》、夫《おっと》からたたかれ、すっと涙《なみだ》が流《なが》れ落《お》ちていくことを感《かん》じても、すぐに笑《わら》える女性《じょせい》であれば、どれほどすてきな妻《つま》でしょうか。悲喜劇《ひきげき》が交差《こうさ》するその瞬間《しゅんかん》がどれほどすてきでしょうか。私《わたし》は、そのように考《かんが》えるのです。

女性《じょせい》たちで、夫《おっと》からしかられたり、ぶたれたことのない人《ひと》は不幸《ふこう》なのです。ですから私《わたし》は、お母様《かあさま》は不幸《ふこう》だと思《おも》うのです。（笑《わら》い）私《わたし》が統一教会《とういつきょうかい》の教主《きょうしゅ》でなければ、既《すで》に一発《ぱつ》なぐっていたことでしょう。統一教会《とういつきょうかい》の教主《きょうしゅ》であるゆえ、そのようにできなかったのです。（笑《わら》い）「真《まこと》の父母《ふぼ》」という名《な》がついているからです。私《わたし》はそんな訓練《くんれん》をするというのです。

そのようにしながら、お互《たが》いに開拓《かいたく》していくのです。高《たか》い所《ところ》に上《あ》がっていくのです。希望《きぼう》の道《みち》を早《はや》く行《い》くために、その道《みち》のために激励《げきれい》し、けり、押《お》してでも行《い》かなければな

らないのです。（一九八四・七・一〇）

女性《じょせい》は、お嫁《よめ》に行《ゆ》く時《とき》、愛《あい》そうとして行《い》きますか、愛《あい》されようとして行《い》きますか。この世《よ》の女性《じょせい》たちは、愛《あい》されようとして行《い》くというのです。それでは、愛《あい》そうとしてお嫁《よめ》に行《ゆ》くのに、夫《おっと》が愛《あい》を受《う》け付《つ》けないとすればどうなるでしょうか。愛《あい》を受《う》け付《つ》けないというのに、始終《しじゅう》、愛《あい》そうとすれば、しかられて、たたかれることでしょう。仕方《しかた》のないことです。それはあり得《う》ることです。

始終《しじゅう》、愛《あい》そうとすれば、夫《おっと》が殴《なぐ》りつけることもあるでしょう。その時《とき》は、どうするつもりですか。泣《な》きながらでも愛《あい》そうとしなければなりません。死《し》にそうになっても、愛《あい》そうとしなければならないのです。死《し》にそうになりながらも愛《あい》そうとする時《とき》に、夫《おっと》が屈服《くっぷく》するのです。そのようになるのです。（一九八四・七・一〇）

賢《かしこ》い夫《おっと》に仕《つか》えていて、妻《つま》が高慢《こうまん》になり、「私《わたし》は愛《あい》だけを受《う》けたい」と言《い》っていれば、一生《いっしょう》の間《あいだ》、夫《おっと》は共《とも》に暮《く》らしてくれるでしょうか。皆《みな》さんの顔《かお》を鏡《かがみ》で見《み》て、一生《いっしょう》の間《あいだ》、共《とも》に暮《く》らしてくれる男性《だんせい》がどこにいるのか考《かんが》えてみなさい。丸《まる》い目《め》、平《ひら》べったい顔《かお》、ぺったんこの鼻《はな》、唇《くちびる》、その四《よっ》つを見《み》て、一生《いっしょう》の間《あいだ》、どうやって暮《く》らすのですか。それを考《かんが》えなくてはなりません。この顔《かお》だけを見《み》て一生《いっしょう》の間《あいだ》、暮《く》らしてくれる男性《だんせい》を考《かんが》えた時《とき》に、心《こころ》から同情《どうじょう》してあげなければならないのです。ですから一カ月《げつ》に一回《かい》くらい、「仕事《しごと》が大変《たいへん》だろうから、私《わたし》を小突《こづ》いて、気分《きぶん》を晴《は》らして暮《く》らしてください」と言《い》える余裕《よゆう》がなければなりません。（一九八四・七・一〇）

5　二世祝福《にせいしゅくふく》家庭《かてい》の夫婦《ふうふ》の道《みち》

皆《みな》さんの家庭《かてい》で、二人《ふたり》が行《い》くべき道《みち》は確実《かくじつ》なのです。どちらが良《よ》くできたのか、できなかったのかという問題《もんだい》より、神様《かみさま》をより愛《あい》するために、どちらが先《さき》に立《た》つのかということに意義《いぎ》があるのです。そのような人《ひと》には、従《したが》っていかなければなりません。

第一《だいい》に、環境《かんきょう》に習慣化《しゅうかんか》されてはなりません。二番目《ばんめ》は、愛《あい》を中心《ちゅうしん》として前進的《ぜんしんてき》に発展《はってん》していかなければなりません。妻《つま》は夫《おっと》のために生《い》きなければならず、夫《おっと》は妻《つま》のために生《い》きなければなりません。そうすれば、夫婦《ふうふ》は神様《かみさま》のためのものなので、み旨《むね》の中《なか》で神様《かみさま》が訪《たず》ねてくださる氏族《しぞく》が必要《ひつよう》になり、民族《みんぞく》が必要《ひつよう》になり、国家《こっか》が必要《ひつよう》になり、世界《せかい》が必要《ひつよう》になるのです。まだ、天《てん》の国《くに》の霊界《れいかい》を解放《かいほう》しなければならず、地獄《じごく》を解放《かいほう》しなければならないのです。(一九八六・四・一二)

結婚《けっこん》すれば、皆《みな》さんの思《おも》いどおりにはできないのです。どこに向《む》かって行《い》かなければなりませんか。神様《かみさま》の愛《あい》を受《う》けるために行《い》かなければなりません。また人間《にんげん》は、なぜ男性《だんせい》として生《う》まれて、なぜ女性《じょせい》として生《う》まれたのかというと、それは愛《あい》のゆえです。ですから、夫婦《ふうふ》は一《ひと》つにならなくてはならないのです。それが神様《かみさま》の愛《あい》です。二性性相《にせいせいそう》に分立《ぶんりつ》されたものが合性一体化《ごうせいいったいか》して、神様《かみさま》の愛《あい》を受《う》けるために、神様《かみさま》の愛《あい》を探《さが》していくのです。

神様《かみさま》の愛《あい》に会《あ》おうとすれば、女性《じょせい》は男性《だんせい》と一《ひと》つになり、男性《だんせい》は女性《じょせい》と一《ひと》つにならなければなりません。そうしなければ、神様《かみさま》の愛《あい》に会《あ》う道《みち》がないのです。神様《かみさま》の愛《あい》に会《あ》うことによって、神様《かみさま》の隣《となり》に立《た》つことができるのです。皆《みな》さんもそうでしょう？　男性《だんせい》と女性《じょせい》は何《なに》を中心《ちゅうしん》として一緒《いっしょ》に立《た》っているのかというと、顔立《かおだ》ちをもって立《た》っているのではありません。愛《あい》なのです。男性《だんせい》と女性《じょせい》、夫婦《ふうふ》は、愛《あい》のために存在《そんざい》するのです。そのような愛《あい》を、神様《かみさま》はなぜアダムとエバに要求《ようきゅう》されたのでしょうか。神様《かみさま》がその愛《あい》を中心《ちゅうしん》として、一《ひと》つになることができるからです。それゆえ、夫婦《ふうふ》の愛《あい》は、神様《かみさま》の愛《あい》を連結《れんけつ》させるためのものなのです。

なぜ私《わたし》たちは、神様《かみさま》の愛《あい》を要求《ようきゅう》するのかというと、神様《かみさま》の愛《あい》を受《う》ければ、神様《かみさま》と同《おな》じ位置《いち》に立《た》つことができるからです。皆《みな》さんも今《いま》、初《はじ》めて会《あ》ったのですが、夫婦《ふうふ》の愛《あい》という概念《がいねん》の前《まえ》には、確実《かくじつ》に同《おな》じ位置《いち》に立《た》つことができるのです。二人《ふたり》が愛《あい》すれば、一《ひと》つになるのです。逃《に》げることはできません。いつでも連帯責任《れんたいせきにん》を負《お》うのです。

同様《どうよう》に、夫婦《ふうふ》が完全《かんぜん》に神様《かみさま》の愛《あい》を中心《ちゅうしん》として一《ひと》つになる時《とき》には、神様《かみさま》の位置《いち》に上《あ》がっていくのです。神様《かみさま》の位置《いち》に上《あ》がっていくだけでなく、神様《かみさま》がもっているあらゆるものが、二人《ふたり》の所有権内《しょゆうけんない》に入《はい》ってくるのです。ですから、愛《あい》は驚《おどろ》くべきものなのです。同参的権威《どうさんてきけんい》を許《ゆる》されると同時《どうじ》に、すべての所有権《しょゆうけん》を伝授《でんじゅ》されるという、驚《おどろ》くべきものなのです。

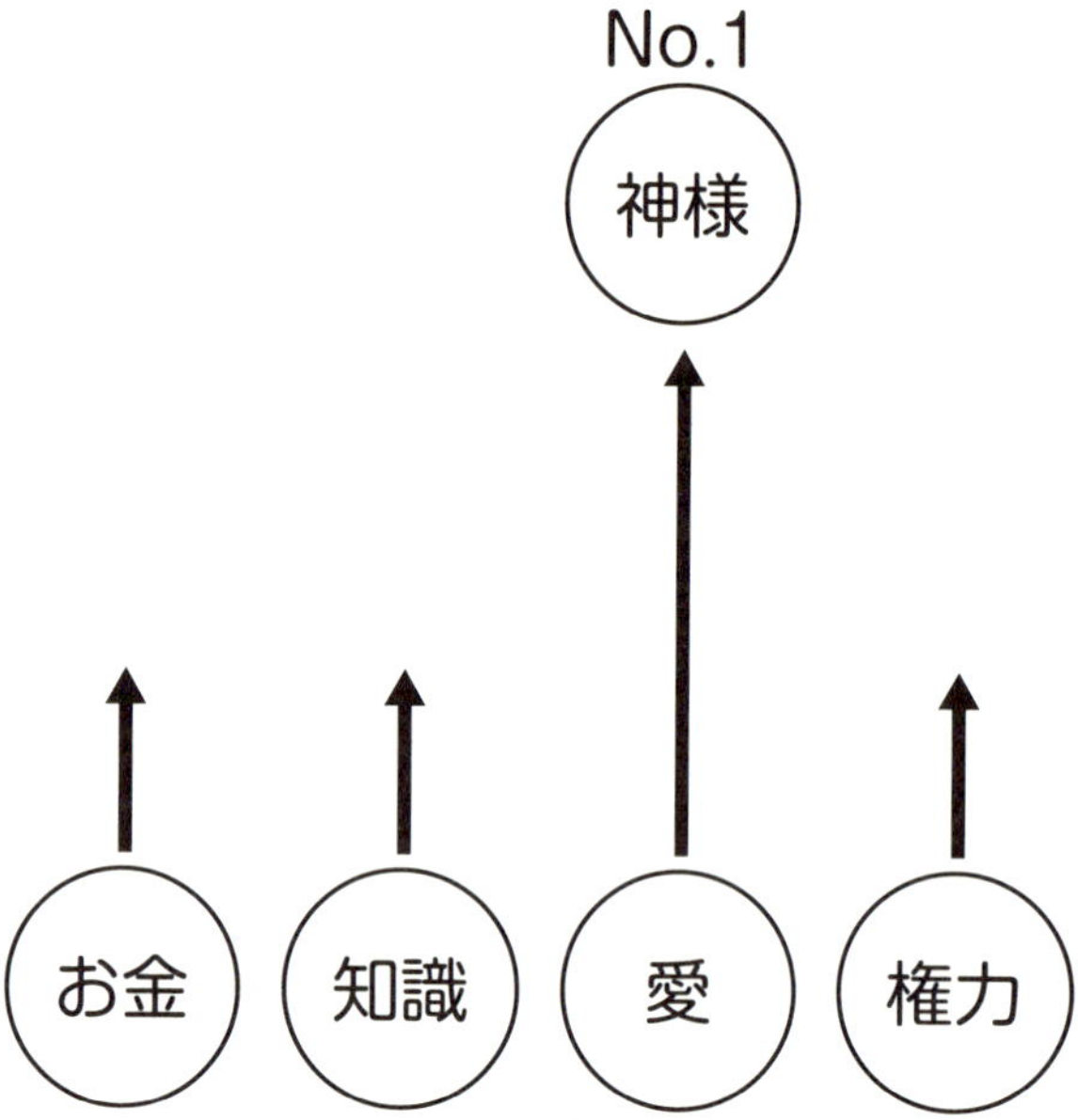

それは、どういうことかというと、神様《かみさま》はアダムとエバを愛《あい》したので、御自身《ごじしん》をアダムとエバに下《くだ》さるのです。御自身《ごじしん》を下《くだ》さるだけではなく、理想的《りそうてき》な愛《あい》までも私《わたし》たちに任《まか》せられるのです。ですから、そこに属《ぞく》するすべての宇宙《うちゅう》は、自動的《じどうてき》に伝授《でんじゅ》されるようになるのです。そのような相続権《そうぞくけん》が得《え》られるのです。

それでは、人間《にんげん》が世界《せかい》で一番《ばん》になろうとする欲望《よくぼう》は、何《なに》によって達成《たっせい》されるのでしょうか。それは、愛《あい》によって達成《たっせい》できるのです。お金《かね》でも、権力《けんりょく》でもできません。ただ、愛《あい》のみが可能《かのう》なのです。神様《かみさま》が立《た》てておいた愛《あい》のみが可能《かのう》なのです。私《わたし》たちの本心《ほんしん》は、神様《かみさま》の愛《あい》を中心《ちゅうしん》として結束《けっそく》できる本然《ほんぜん》の性稟《せいひん》をもっているために、世界《せかい》で一番《ばん》になろうとするのです。世界《せかい》で一番《ばん》になることとは何《なに》かというと、神様《かみさま》が一番《ばん》なのですが、その位置《いち》に上《あ》がっていくということなのです。上《あ》がっていって何《なに》をするのかといえば、神様《かみさま》の愛《あい》を中心《ちゅうしん》として、宇宙《うちゅう》を私《わたし》のものにしようというのです。皆《みな》さんも、そういう欲望《よくぼう》があるでしょう？　その欲望《よくぼう》をすべて完成《かんせい》させるには、お金《かね》でも、知識《ちしき》でも、権力《けんりょく》でもできないのです。ただ愛《あい》のみが可能《かのう》にするのです。これが、統一教会《とういつきょうかい》の「原理《げんり》」の神髄《しんずい》であり、人生哲学《じんせいてつがく》の根本《こんぽん》です。（一九八六・四・一二）

6　地上天国《ちじょうてんごく》を成《な》すための生活姿勢《せいかつしせい》

皆《みな》さんは結婚《けっこん》しますか。子供《こども》たちが必要《ひつよう》ですか。（はい）。神様《かみさま》の愛《あい》を知《し》り、父母《ふぼ》の愛《あい》を知《し》り、父母《ふぼ》に侍《はべ》るすべを知《し》り、夫《おっと》の愛《あい》を知《し》り、夫《おっと》に侍《はべ》るすべを知《し》り、子供《こども》の愛《あい》を知《し》り、子供《こども》に侍《はべ》るすべを知《し》らなければなりません。子供《こども》には命令《めいれい》だけでなく、子供《こども》に侍《はべ》ることを知《し》らなければならないのです。

でなければ、神様《かみさま》の愛《あい》を理解《りかい》することができないのです。すべてが教材《きょうざい》として必要《ひつよう》なのです。子供《こども》がいなければ未完成《みかんせい》であり、神様《かみさま》の愛《あい》を知《し》ることはできないのです。神様《かみさま》が人間《にんげん》を子供《こども》として、どんなに愛《あい》してこられたのかが分《わ》からないのです。夫《おっと》になってみなくては、妻《つま》の愛《あい》が分《わ》からず、妻《つま》になってみなくては、夫《おっと》の愛《あい》が分《わ》からないのです。また、父母《ふぼ》になってみなくては、父母《ふぼ》の愛《あい》がどんなものか分《わ》からないのです。すべてが、それらを連帯的《れんたいてき》に分《わ》かるようにするための教材《きょうざい》としてつくられているのです。皆《みな》さんは、息子《むすこ》、娘《むすめ》がいなければ、真《まこと》の父母《ふぼ》にはなれないのです。

ですから、本然《ほんぜん》の原則《げんそく》に合格《ごうかく》できる一級品《きゅうひん》になるためには、父母《ふぼ》が必要《ひつよう》であり、相対《そうたい》が必要《ひつよう》であり、子供《こども》をもってこそ、神様《かみさま》の愛《あい》を体恤《たいじゅつ》できるのです。この宇宙《うちゅう》が、はんこを押《お》してくれるのです。そうして、自然《しぜん》に天国《てんごく》に入《はい》っていくのです。

皆《みな》さんは、家庭《かてい》を中心《ちゅうしん》とした愛《あい》の体験《たいけん》を、そこで拡大《かくだい》しなければなりません。そのためには、氏族《しぞく》のために家庭《かてい》を犠牲《ぎせい》にしなければなりません。また国家《こっか》のために、氏族《しぞく》を犠牲《ぎせい》にしなければなりません。大《おお》きな愛《あい》のために、すべてを犠牲《ぎせい》にしなければなりません。その段階的犠牲《だんかいてきぎせい》を通《とお》して、より大《おお》きな愛《あい》の条件《じょうけん》を立《た》てることにより、どこでも愛《あい》の理想圏《りそうけん》と連結《れんけつ》されるのです。皆《みな》さんは、実際《じっさい》にはできなくても、それと同《おな》じ愛《あい》の環境《かんきょう》でなせば、合格者《ごうかくしゃ》として、天上世界《てんじょうせかい》に入《はい》っていくのです。垣根《かきね》の中《なか》で、環境《かんきょう》の中《なか》で愛《あい》してきたのですが、その環境《かんきょう》を愛《あい》する人《ひと》が、世界《せかい》、国家《こっか》を愛《あい》し、天《てん》と地《ち》を愛《あい》する人《ひと》たちと同《おな》じ恵沢《けいたく》の位置《いち》に同参《どうさん》できるのです。また、そんな位置《いち》に立《た》つようになれば、さらに愛《あい》するようになるのです。それをよく知《し》らなければなりません。

皆《みな》さん、自分《じぶん》が祝福家庭《しゅくふくかてい》の息子《むすこ》であるといって、意地《いじ》を張《は》ってはなりません。お父《とう》さん、お母《かあ》さんの立《た》てた基準《きじゅん》の上《うえ》に立《た》たなくてはなりません。皆《みな》さんの夫《おっと》の先輩《せんぱい》となる人《ひと》を見《み》た時《とき》、夫以上《おっといじょう》に尊重《そんちょう》し、彼《かれ》らがみな、これから国家的基準《こっかてききじゅん》で、み旨《むね》を成《な》す忠臣《ちゅうしん》たちになるのだと考《かんが》えなければなりません。

それを延長《えんちょう》して、皆《みな》さんのおじいさん、おばあさんの年齢《ねんれい》に当《あ》たる人《ひと》たちには、おじいさん、おばあさん以上《いじょう》に侍《はべ》る心《こころ》で、皆《みな》さんの父母《ふぼ》の年齢《ねんれい》に当《あ》たる人《ひと》たちには、父母《ふぼ》に侍《はべ》る以上《いじょう》の心《こころ》で、皆《みな》さんの夫《おっと》や妻《つま》の年齢《ねんれい》に当《あ》たる人《ひと》たちには、夫《おっと》や妻以上《つまいじょう》に愛《あい》する心《こころ》で、皆《みな》さんの子女《しじょ》と同《おな》じ年《とし》の子供《こども》たちには、子女以上《しじょいじょう》の心《こころ》で愛《あい》さなければなりません。

そうすれば、家庭《かてい》では何《なに》もできないようでも、社会《しゃかい》に出《で》れば素晴《すば》らしい人《ひと》となって、そして戻《もど》ってくるのです。それが父母《ふぼ》の願《ねが》うことなのです。そのような思想《しそう》を連結《れんけつ》させなければなりません。

なぜ、そのようにしなければならないのかというと、統一教会《とういつきょうかい》の思想《しそう》が、個人《こじん》は家庭《かてい》のために犠牲《ぎせい》になり、「ため」に生《い》き、愛《あい》しながら生《い》きなければならないからです。家庭《かてい》は氏族《しぞく》のために生《い》きなさいという旨《むね》があるので、世界《せかい》の代表《だいひょう》と同《おな》じ心《こころ》をもって、「ため」に生《い》きなければなりません。そのような心《こころ》をもって、祖父母《そふぼ》がそうで、父母《ふぼ》がそうで、夫婦《ふうふ》がそうで、息子《むすこ》、娘《むすめ》がそのようになる時《とき》、天上世界《てんじょうせかい》のどんな忠臣《ちゅうしん》たちの位置《いち》へも、ためらうことなく行《い》けるというのです。そうやって生《い》きる所《ところ》が地上天国《ちじょうてんごく》なのです。（一九八四・七・一〇）

真の子女の生活——2
輝く祝福への道しるべ　定価（本体1,000円＋税）

2007（平成19）年７月20日　初版　発行

編 著 者　世界基督教統一神霊協会
発 行 所　株式会社　光言社
〒150-0042　東京都渋谷区宇田川町37-18
電話代表（03）3467-3105
営業（03）3460-0429
印 刷 所　株式会社　ユニバーサル企画

ISBN978-4-87656-323-4 C0016 ¥1000E